Entzündungshemmende Ernährung

Entzündungshemmende Ernährung

Das Kochbuch mit leckeren und gesunden Rezepten zur Stärkung des Immunsystems und zur Bekämpfung von Entzündungen im Körper - Für ein Leben voller Energie & Vitalität

Nina Vogt

Bibliografische Information der Deutschen Nationalbibliothek:
Die Deutsche Nationalbibliothek verzeichnet diese Publikation in der
Deutschen Nationalbibliografie; detaillierte bibliografische Daten sind im
Internet über http://dnb.dnb.de abrufbar.

Herstellung und Verlag:
BoD – Books on Demand, Norderstedt

ISBN: 9783757845629

Inhalt

Vorwort

Liebe Leserin, lieber Leser,

mit großer Freude lade ich dich ein, die wunderbare Vielfalt der entzündungshemmenden Ernährung zu entdecken. Du findest hier eine vielfältige Auswahl an Rezepten, die nicht nur gut schmecken, sondern auch gut für dich sind. Denn jedes Rezept in diesem Buch basiert auf Zutaten, die auf natürliche Weise entzündungshemmende Eigenschaften haben.

Mein Ziel ist es, dir zu zeigen, dass gesundes Essen kein Verzicht bedeutet, sondern ein Genuss sein kann. Farbenfrohes Obst und Gemüse, knackige Nüsse und Samen, herzhafte Hülsenfrüchte und aromatische Kräuter und Gewürze sind nur einige der Zutaten, die unsere Gerichte so schmackhaft und gesund machen.

Es ist erstaunlich, wie einfach es ist, diese gesunden Lebensmittel in unseren täglichen Speiseplan zu integrieren. Mit den Rezepten in diesem Buch möchte ich dir zeigen, wie du diese Nahrungsmittel in köstliche Mahlzeiten verwandelst, die dich und deine Familie begeistern werden. Gleichzeitig möchte ich dich inspirieren, eigene Kreationen zu entwickeln und deiner Kreativität in der Küche freien Lauf zu lassen.

Gesundes Essen beginnt nicht erst auf dem Teller, sondern schon beim Einkaufen. Indem du dich für frische, naturbelassene Zutaten entscheidest, legst du den Grundstein für eine gesunde Ernährung. Und indem du diese Zutaten in köstliche Gerichte verwandelst, sorgst du dafür, dass gesundes Essen zum Genuss wird.

Ich wünsche dir viel Freude beim Nachkochen der Rezepte!

Freundliche Grüße,

Deine Nina Vogt

Hinweis zu den Rezepten

Du wirst feststellen, dass in diesem Buch keine Bilder zu finden sind. Das mag auf den ersten Blick ungewöhnlich erscheinen, aber ich habe mich aus mehreren Gründen dazu entschieden.

Das erste und wichtigste Argument ist die Kreativität. In einem Bild festgelegte Darstellungen von Gerichten können manchmal einschränkend wirken. Sie legen eine bestimmte Präsentation fest, einen "richtigen" Weg, wie das Gericht aussehen sollte. Doch ich möchte, dass du dich frei fühlst, deine eigenen Vorstellungen und kreativen Ideen zu verwirklichen. Jedes Gericht, das du zubereitest, ist ein Ausdruck deiner Persönlichkeit und Kreativität. Es gibt kein richtig oder falsch, wenn es um die Präsentation geht.

Des Weiteren hat jeder von uns einen anderen Geschmack und verschiedene Vorlieben. Was für mich lecker aussieht, sieht für dich vielleicht anders aus. Indem ich auf Bilder verzichte, lade ich dich dazu ein, dein eigenes Bild von leckerem Essen zu erschaffen. Ich möchte, dass du deine eigene Vorstellung von dem, was dir schmeckt und was dir guttut, entwickelst.

Letztendlich geht es mir darum, den Fokus auf das Wesentliche zu lenken – die Inhaltsstoffe und die Zubereitung. Mit jedem Rezept lernst du neue Zutaten und Techniken kennen, mit denen du dein kulinarisches Wissen erweitern kannst. Anstatt dir ein fertiges Bild zu präsentieren, möchte ich dir Anleitungen an die Hand geben, damit du deine eigenen kulinarischen Meisterwerke kreieren kannst.

Ich hoffe, dass dieses Kochbuch dir dabei hilft, neue Geschmacksrichtungen zu entdecken, deine Kochfähigkeiten zu verbessern und Spaß in der Küche zu haben. Lass dich nicht von der Abwesenheit von Bildern entmutigen – lass stattdessen deiner Fantasie freien Lauf und schaffe deine eigenen kulinarischen Kunstwerke!

Frühstücksideen

Haferflocken mit Ingwer und Apfel

Zubereitungszeit: 15 Minuten
Portionen: 1 Person

Zutaten:

- 50 g Haferflocken
- 1 mittelgroßer Apfel, gewürfelt
- 200 ml Wasser
- 2 TL frischer Ingwer, fein gerieben
- 1 TL Honig
- 1 EL gemahlene Mandeln
- 1 TL Zimt

Zubereitung:

1. Gib die Haferflocken zusammen mit dem Wasser in einen Topf und koche diese bei mittlerer Hitze auf.

2. Während die Haferflocken köcheln, nimm den Apfel und würfle ihn in kleine Stücke.

3. Sobald die Haferflocken das Wasser absorbiert haben und zu einer cremigen Konsistenz geworden sind, rühre den geriebenen Ingwer unter.

4. Füge die Apfelstücke hinzu und lasse das Ganze für weitere 2-3 Minuten köcheln, bis die Äpfel weich sind.

5. Schalte die Hitze aus und rühre den Honig, die gemahlenen Mandeln und den Zimt unter.

6. Fülle die Haferflockenmischung in eine Schale und genieße dein Frühstück!

Bananen-Pfannkuchen mit Heidelbeersirup

Zubereitungszeit: 20 Minuten
Portionen: 3 Pfannkuchen

Zutaten:

- **Für die Pfannkuchen:**
- 1 reife Banane, gepellt und zerdrückt
- 50 g Vollkornmehl
- 1 Bio-Ei, verquirlt
- 1 EL Chiasamen
- 1 EL natives Olivenöl extra
- 1/4 TL gemahlener Zimt
- Eine Prise Salz
- **Für den Heidelbeersirup:**
- 100 g frische Heidelbeeren
- 1 EL Honig
- 50 ml Wasser

Zubereitung:

1. Die zerdrückte Banane, das Vollkornmehl, das verquirlte Ei, die Chiasamen, den Zimt und eine Prise Salz in einer Schüssel vermischen.

2. Das Olivenöl in einer Pfanne erhitzen. Mit einem Löffel drei Portionen des Teigs in die Pfanne geben und die Pfannkuchen auf beiden Seiten goldbraun braten.

3. Währenddessen die Heidelbeeren mit dem Honig und Wasser in einem kleinen Topf erhitzen und bei mittlerer Hitze köcheln lassen, bis die Heidelbeeren weich werden und der Sirup dickflüssig ist.

4. Die Pfannkuchen auf einen Teller geben und mit dem Heidelbeersirup übergießen. Sofort servieren.

Spinat-Omelett

Zubereitungszeit: 15 Minuten
Portionen: 1 Person

Zutaten:

- 70 g frischer Baby-Spinat, gewaschen
- 3 Bio-Eier, geschlagen
- 2 EL natives Olivenöl extra
- 1 kleine Zwiebel, fein gehackt
- 1 kleine rote Paprika, entkernt und fein gewürfelt
- 1 TL Kurkuma
- Salz und Pfeffer nach Geschmack
- 2 EL Wasser
- 1 EL frisch gehackter Dill, zum Garnieren

Zubereitung:

1. Erhitze 1 EL Olivenöl in einer kleinen Antihaft-Pfanne bei mittlerer Hitze. Füge die gehackte Zwiebel und Paprika hinzu und dünste sie, bis sie weich sind.

2. Füge den Spinat hinzu und koche ihn, bis er zusammengefallen ist. Entferne das Gemüse aus der Pfanne und stelle es zur Seite.

3. Schlage in einer Schüssel die Eier mit Kurkuma, Salz, Pfeffer und Wasser.

4. Erhitze den restlichen EL Olivenöl in der Pfanne. Gieße die Eiermischung hinein und koche sie bei niedriger Hitze, bis sie an den Rändern fest wird.

5. Verteile das Gemüse gleichmäßig auf der Hälfte des Omeletts. Klappe die andere Hälfte vorsichtig über das Gemüse und koche das Omelett weiter, bis es vollständig durch ist.

6. Garniere das fertige Omelett mit dem frischen Dill und serviere es sofort.

Früchte-Müsli mit Walnüssen

Zubereitungszeit: 15 Minuten
Portionen: 1 Person

Zutaten:

- 50 g Haferflocken, grob
- 1 EL Chiasamen
- 150 ml Mandelmilch, unge-süßt
- 1 TL Honig, flüssig
- 1 Handvoll Walnüsse, grob gehackt
- 1 reife Banane, in Scheiben geschnitten
- 50 g Beeren (Erdbeeren, Blaubeeren, Himbeeren), frisch oder tiefgekühlt
- 1 Prise Zimt

Zubereitung:

1. Lege die Haferflocken und Chiasamen in eine Schüssel.
2. Gib die Mandelmilch hinzu und rühre die Mischung gut um, bis sie gleichmäßig verteilt ist.
3. Lass die Haferflocken-Chiasamen-Mischung für etwa 10 Minuten quellen.
4. In der Zwischenzeit hacke die Walnüsse grob und schneide die Banane in Scheiben.
5. Sobald die Haferflocken-Mischung gequollen ist, gib den Honig dazu und rühre erneut um.
6. Toppe dein Müsli mit den Walnüssen, Bananenscheiben und Beeren. Streue zum Schluss eine Prise Zimt darüber.
7. Genieße dein selbstgemachtes Müsli.

Kokosnuss-Joghurt mit Chiasamen

Zubereitungszeit: 15 Minuten
Portionen: 1 Person

Zutaten:

- 200 ml Kokosmilch, gut geschüttelt
- 1 TL Chiasamen
- 1 EL Ahornsirup
- 1/4 TL Vanilleextrakt
- 1 kleine Banane, in Scheiben geschnitten
- 1 EL gehackte Mandeln
- Eine Prise Zimt

Zubereitung:

1. Nimm eine Schüssel und gib die Chiasamen, Ahornsirup und Vanilleextrakt hinein.
2. Schütte langsam die Kokosmilch dazu und rühre alles gut durch.
3. Lass diese Mischung für mindestens 10 Minuten quellen, damit die Chiasamen aufquellen und die Mischung dick wird.
4. Währenddessen schneide die Banane in Scheiben und hacke die Mandeln.
5. Sobald die Chiasamen-Mischung an Dicke gewonnen hat, gib die Bananenscheiben und gehackten Mandeln dazu.
6. Zum Schluss, streue eine Prise Zimt über dein Frühstück. Fertig!

Quinoa-Bowl

Zubereitungszeit: 15 Minuten
Portionen: 1 Person

Zutaten:

- 50 g Quinoa, gespült
- 240 ml Wasser
- 1 EL natives Olivenöl extra
- 1 Handvoll Mandeln, geschält und gehackt
- 1 Handvoll frische Beeren, gewaschen und abgetropft
- 1 EL Honig
- 1 TL Bio-Zitronensaft
- 1 Prise Meersalz

Zubereitung:

1. Bring das Wasser in einem kleinen Topf zum Kochen. Gib die Quinoa hinzu und reduziere die Hitze auf mittlere Stufe. Lass die Quinoa 15 Minuten köcheln, bis sie weich und das Wasser aufgesogen ist.

2. In der Zwischenzeit erhitzt du das Olivenöl in einer kleinen Pfanne über mittlerer Hitze. Füge die gehackten Mandeln hinzu und röste sie, bis sie goldbraun und duftend sind. Sei vorsichtig, sie können schnell verbrennen.

3. Sobald die Quinoa gekocht ist, nimm den Topf vom Herd und lass sie ein wenig abkühlen.

4. Während die Quinoa abkühlt, mische den Honig und den Zitronensaft in einer kleinen Schüssel zusammen und stelle diese zur Seite.

5. Gib die Quinoa in eine Schüssel und toppe sie mit den frischen Beeren und den gerösteten Mandeln. Träufle die Honig-Zitronen-Mischung über alles und würze es mit einer Prise Meersalz.

6. Nun ist deine Bowl fertig. Löffle sie direkt aus der Schüssel oder packe sie in ein Glas zum Mitnehmen.

Kürbiskern-Brötchen mit Avocado

Zubereitungszeit: 20 Minuten
Portionen: 1 Person

Zutaten:

- 2 EL Kürbiskerne, geröstet
- 50 g Vollkornmehl
- 25 ml Wasser
- 1/2 TL Trockenhefe
- 1 Prise Salz
- 1/2 reife Avocado, in Scheiben geschnitten
- 1 Prise Chiliflocken, optional
- 1 TL natives Olivenöl extra

Zubereitung:

1. Zuerst nimmst du eine Schüssel und mischst das Vollkornmehl, die Trockenhefe und das Salz. Gib dann das Wasser hinzu und knete alles zu einem glatten Teig.

2. Füge die Kürbiskerne zum Teig hinzu und knete sie ein. Lass den Teig danach für etwa 10 Minuten ruhen.

3. Forme aus dem Teig ein kleines Brötchen und backe es bei 180 Grad im vorgeheizten Ofen für ca. 15 Minuten.

4. In der Zwischenzeit bereitest du die Avocado vor. Schneide sie in Scheiben und beträufele sie mit etwas Olivenöl.

5. Wenn das Brötchen fertig und etwas abgekühlt ist, halbiere es und belege es mit den Avocadoscheiben. Bestreue das Ganze nach Geschmack mit Chiliflocken.

Linsenpfannkuchen mit grünem Blattgemüse

Zubereitungszeit: 30 Minuten
Portionen: ca. 3 Pfannkuchen

Zutaten:

- 100 g grüne Linsen, abgespült und abgetropft
- 200 ml Wasser
- 1 EL natives Olivenöl extra
- Salz und Pfeffer nach Geschmack
- 1 mittelgroße Zwiebel, fein gewürfelt
- 1 Knoblauchzehe, fein gehackt
- 1 Handvoll frisches grünes Blattgemüse (Spinat oder Mangold), gewaschen und gehackt
- 1 TL Kurkuma
- 1 TL Kreuzkümmel

Zubereitung:

1. Die Linsen in einen Topf geben, mit Wasser bedecken und zum Kochen bringen. Etwa 20 Minuten köcheln lassen, bis die Linsen weich sind. Abgießen und zur Seite stellen.

2. Das Olivenöl in einer Pfanne erhitzen und die Zwiebeln darin anbraten, bis sie glasig sind. Knoblauch, Kurkuma und Kreuzkümmel hinzufügen und eine weitere Minute anbraten.

3. Das grüne Blattgemüse hinzufügen und weiter anbraten, bis es zusammenfällt. Die gekochten Linsen und Salz und Pfeffer hinzufügen und alles gut vermischen.

4. Die Pfannkuchenmischung in einer Schüssel zubereiten, indem du die Hälfte der Linsenmischung mit einem Stabmixer pürierst. Die pürierte Mischung zu den restlichen Linsen in die Pfanne geben und gut umrühren, um einen Pfannkuchenteig zu bilden.

5. Die Pfanne auf mittlere Hitze stellen und eine Kelle Teig hineingeben. Den Pfannkuchen 3-4 Minuten auf jeder Seite braten, bis er goldbraun ist.

6. Die Pfannkuchen warm servieren.

Overnight Chia-Pudding

Zubereitungszeit: 5 Minuten
Portionen: 1 Person

Zutaten:

- 30 g Chia-Samen
- 240 ml Mandelmilch, unge-zuckert
- 1 EL Honig
- 1/2 TL gemahlene Vanille
- 100 g frische Himbeeren, ge-waschen und halbiert
- 15 g gehackte Walnüsse

Zubereitung:

1. Nimm eine kleine Schüssel und gib die Chia-Samen hinein.

2. Füge die Mandelmilch, Honig und gemahlene Vanille hinzu und rühre alles gut um. Achte darauf, dass alle Chia-Samen mit der Flüssigkeit in Berührung kommen.

3. Decke die Schüssel ab und stelle sie über Nacht in den Kühlschrank. Die Chia-Samen quellen auf und es entsteht ein dickflüssiger Pudding.

4. Am nächsten Morgen holst du die Schüssel aus dem Kühlschrank. Die Mischung sollte jetzt die Konsistenz eines Puddings haben. Falls sie zu fest ist, kannst du noch ein wenig Mandelmilch hinzufügen.

5. Bevor du deinen Chia-Pudding genießt, gib die frischen Himbeeren und die gehackten Walnüsse darüber. Fertig ist dein entzündungs-hemmendes Frühstück!

Bircher Müsli

Zubereitungszeit: 10 Minuten
Portionen: 1 Person

Zutaten:

- 50 g Haferflocken, fein
- 120 ml Mandelmilch, unge-
  süßt
- 1 EL Chiasamen
- 2 EL gemischte Nüsse (Mandeln, Walnüsse, Hasel-
  nüsse), grob gehackt
- 1 EL Leinsamen, geschrotet
- 1 EL Honig
- 1 Prise Zimt
- 1 kleiner Apfel, gewaschen
  und geraspelt

Zubereitung:

1. Die Haferflocken zusammen mit der Mandelmilch in eine Schüssel geben. Gut umrühren, damit alle Haferflocken mit der Milch bedeckt
   sind.

2. Die Chiasamen und Leinsamen dazugeben und erneut gut umrühren.
   Das Müsli sollte nun für mindestens 5 Minuten stehen gelassen werden, damit die Samen aufquellen können.

3. In der Zwischenzeit die Nüsse grob hacken und den Apfel waschen
   und grob raspeln. Beides zu dem Müsli hinzufügen und gut vermischen.

4. Das Müsli mit einer Prise Zimt und dem Honig abschmecken.

Salate und Bowls

Quinoa-Salat

Zubereitungszeit: 30 Minuten
Portionen: 1 Person

Zutaten:

- 70 g Quinoa, gewaschen und abgetropft
- 200 ml Wasser
- 1/2 rote Paprika, gewürfelt
- 1/2 Avocado, gewürfelt
- 2 EL natives Olivenöl extra
- 1 TL Limettensaft
- Salz und Pfeffer nach Geschmack
- 2 EL gehackte Petersilie
- 1 EL gehackte rote Zwiebeln

Zubereitung:

1. Gib das Wasser in einen Topf und bringe es zum Kochen. Füge das Quinoa hinzu, reduziere die Hitze auf niedrig, decke den Topf ab und lass das Quinoa für etwa 15 Minuten köcheln, bis es das Wasser aufgenommen hat und weich ist.

2. Während das Quinoa kocht, schneide die Paprika und die Avocado in Würfel und stelle sie beiseite.

3. In einer kleinen Schüssel verquirlst du das Olivenöl, den Limettensaft, Salz und Pfeffer, um ein einfaches Dressing zu erstellen.

4. Sobald das Quinoa gekocht ist, entferne es vom Herd und lass es ein paar Minuten abkühlen.

5. Gib das abgekühlte Quinoa in eine große Schüssel. Füge die gewürfelte Paprika, Avocado, gehackte Petersilie und rote Zwiebeln hinzu.

6. Gieße das Dressing über den Salat und vermische alles gut miteinander. Schmecke ab und würze gegebenenfalls nach.

Brokkoli-Salat

Zubereitungszeit: 15 Minuten
Portionen: 1 Person

Zutaten:

- 200 g Brokkoli, in kleine Röschen geschnitten
- 2 EL Pinienkerne
- 1 kleiner Apfel, gewürfelt
- 1 EL natives Olivenöl extra
- 1 EL frisch gepresster Bio-Zitronensaft
- Eine Prise Salz
- Eine Prise schwarzer Pfeffer
- 1 TL Honig
- 1 EL fein gehackte Petersilie

Zubereitung:

1. Erhitze eine Pfanne bei mittlerer Hitze und röste die Pinienkerne, bis sie goldbraun sind. Achtung, sie verbrennen schnell! Dann beiseite stellen.

2. Dämpfe den Brokkoli für etwa 5 Minuten, bis er hellgrün und knackig ist.

3. In der Zwischenzeit mische in einer kleinen Schüssel Olivenöl, Zitronensaft, Salz, Pfeffer und Honig. Dies ist dein Dressing.

4. Nachdem der Brokkoli fertig ist, gib ihn in eine Salatschüssel. Füge die Apfelwürfel und das Dressing hinzu.

5. Mische alles gut durch, bis der Salat gut mit dem Dressing bedeckt ist.

6. Streue die gerösteten Pinienkerne und die gehackte Petersilie darüber. Guten Appetit!

Mediterraner Kichererbsensalat

Zubereitungszeit: 15 Minuten
Portionen: 1 Person

Zutaten:

- 80 g Kichererbsen aus der Dose, abgetropft und abgespült
- 50 g frische Tomaten, gewürfelt
- 40 g rote Paprika, gewürfelt
- 30 g Gurke, gewürfelt
- 15 g Zwiebel, fein gehackt
- 2 EL natives Olivenöl extra
- 1 EL Balsamico-Essig
- 1 EL frischer Bio-Zitronensaft
- 1 EL frische Petersilie, fein gehackt
- 1 TL frischer Oregano, fein gehackt
- Salz und schwarzer Pfeffer nach Geschmack

Zubereitung:

1. Schneide zunächst die Tomaten, Paprika und Gurke in Würfel und hacke die Zwiebel fein.
2. Lege die Kichererbsen und das geschnittene Gemüse in eine Schüssel.
3. Gib dann das Olivenöl, den Balsamico-Essig und den frischen Zitronensaft hinzu.
4. Hacke die frische Petersilie und den Oregano fein und füge sie dem Salat hinzu.
5. Zum Schluss mit Salz und Pfeffer abschmecken und alles gut vermischen.
6. Lass den Salat für ein paar Minuten ziehen, damit sich die Aromen entfalten können.

Spinat-Salat mit Beeren und Walnüssen

Zubereitungszeit: 15 Minuten
Portionen: 1 Person

Zutaten:

- 2 Hände voll frischer Spinat, gewaschen und getrocknet
- 50 g gemischte Beeren (Erdbeeren, Himbeeren, Blaubeeren), gewaschen
- 20 g Walnüsse, grob gehackt
- 1 EL natives Olivenöl extra
- 1 EL frischer Bio-Zitronensaft
- Eine Prise Meersalz
- Eine Prise frisch gemahlener schwarzer Pfeffer
- 30 g Ziegenkäse, zerbröckelt

Zubereitung:

1. Nimm eine große Salatschüssel und lege den frischen Spinat hinein.
2. Füge die gemischten Beeren und die grob gehackten Walnüsse hinzu.
3. In einer kleinen Schüssel mischst du das Olivenöl, den frischen Zitronensaft, das Meersalz und den schwarzen Pfeffer zusammen, um ein einfaches Dressing zu erstellen.
4. Gieße das Dressing über den Salat und mische alles gut durch, so dass der Spinat und die Beeren gut bedeckt sind.
5. Streue den zerbröckelten Ziegenkäse über den Salat.
6. Serviere den Salat sofort.

Gesunde Power-Bowl mit Lachs und Süßkartoffel

Zubereitungszeit: 30 Minuten
Portionen: 1 Person

Zutaten:

- 150 g frischer Lachs
- 1 mittelgroße Süßkartoffel, geschält und in Würfel geschnitten
- 1 EL natives Olivenöl extra
- Salz und Pfeffer zum Abschmecken
- 50 g Quinoa, gründlich gespült
- 200 ml Wasser
- 1 Handvoll frischer Spinat
- 1 EL Sonnenblumenkerne
- 1 TL Chiasamen
- 1 EL frisch gepresster Bio-Zitronensaft
- 1 TL Dijon-Senf

Zubereitung:

1. Heize den Ofen auf 200 Grad vor. Lege die gewürfelte Süßkartoffel auf ein Backblech, beträufele sie mit der Hälfte des Olivenöls und würze sie mit Salz und Pfeffer. Backe die Süßkartoffel etwa 20 Minuten lang oder bis sie weich ist.

2. In der Zwischenzeit den Quinoa mit Wasser in einem Topf aufkochen. Dann die Hitze reduzieren und etwa 15 Minuten köcheln lassen, bis das Wasser aufgesogen ist und der Quinoa weich ist.

3. Den Lachs mit dem restlichen Olivenöl bepinseln, mit Salz und Pfeffer würzen und auf ein Backblech legen. Im vorgeheizten Ofen etwa 12-15 Minuten backen, bis er durch ist und sich leicht mit einer Gabel zerdrücken lässt.

4. Während der Lachs und der Quinoa kochen, den Spinat waschen und trocken schleudern. Die Sonnenblumenkerne in einer trockenen Pfanne anrösten, bis sie leicht gebräunt und duftend sind.

5. Nun alles in einer Schüssel anrichten: Erst den Quinoa, dann die Süßkartoffeln, den Spinat und zum Schluss den Lachs darauf legen. Mit den gerösteten Sonnenblumenkernen und den Chiasamen bestreuen.

6. Für das Dressing Zitronensaft und Dijon-Senf vermischen und über die Bowl träufeln.

Bunte Gemüsebowl

Zubereitungszeit: 30 Minuten
Portionen: 1 Person

Zutaten:

- 75 g Quinoa, trocken
- 125 ml Wasser
- 1 kleiner Zucchini, in Scheiben geschnitten
- 1 kleine Karotte, in Scheiben geschnitten
- 1 rote Paprika, in Streifen geschnitten
- 1 EL natives Olivenöl extra
- Salz und Pfeffer nach Geschmack
- 1 TL Kurkuma
- 50 g frischer Spinat
- 1 EL Balsamico Essig
- 1 EL Sonnenblumenkerne
- 1 EL frische Petersilie, gehackt

Zubereitung:

1. Quinoa unter fließendem Wasser abspülen. Quinoa und Wasser in einen Topf geben und zum Kochen bringen. Hitze reduzieren und etwa 15 Minuten köcheln lassen, bis das Wasser aufgenommen ist.

2. Während der Quinoa kocht, Zucchini, Karotte und Paprika in einer Pfanne mit Olivenöl anbraten. Mit Salz, Pfeffer und Kurkuma würzen und 5-7 Minuten garen, bis das Gemüse weich ist.

3. In der letzten Minute der Garzeit den Spinat zum Gemüse in der Pfanne geben und kurz mitdünsten, bis er zusammenfällt.

4. Die gegarte Quinoa in eine Schüssel geben und das gebratene Gemüse darüber verteilen.

5. Alles mit Balsamico Essig beträufeln, mit Sonnenblumenkernen und frischer Petersilie bestreuen.

Thunfischsalat mit Oliven und Kapern

Zubereitungszeit: 15 Minuten
Portionen: 1 Person

Zutaten:

- 1 Dose Thunfisch in Wasser, abgetropft
- 10 grüne Oliven, entsteint und halbiert
- 1 EL Kapern, abgespült und abgetropft
- 1/2 rote Paprika, gewürfelt
- 1/2 kleiner roter Zwiebel, fein gehackt
- 1 EL natives Olivenöl extra
- Saft einer halben Bio-Zitrone
- Salz und Pfeffer nach Geschmack
- 1/2 TL getrockneter Oregano
- 1 Handvoll frischer Rucola

Zubereitung:

1. Öffne die Thunfischdose, gieße das Wasser ab und lege den Thunfisch in eine Schüssel. Zerdrücke den Thunfisch mit einer Gabel in kleinere Stücke.

2. Füge die halbierten Oliven, Kapern, gewürfelte Paprika und gehackte Zwiebel in die Schüssel hinzu und vermische alles gut miteinander.

3. Gieße das Olivenöl und den Zitronensaft über den Salat und würze mit Salz, Pfeffer und Oregano. Vermenge alles gut, sodass die Zutaten gleichmäßig verteilt sind.

4. Platziere den Rucola auf einem Teller und lege den Thunfischsalat darauf.

Rote Beete Salat

Zubereitungszeit: 20 Minuten
Portionen: 1 Person

Zutaten:

- 1 mittelgroße Rote Beete, bereits vorgekocht und geschält
- 50 g Ziegenkäse, in kleinen Würfeln
- Eine Handvoll Babyspinat, gewaschen und getrocknet
- 1 kleine Karotte, gewaschen und in dünne Streifen geschnitten
- 2 EL natives Olivenöl extra
- 1 EL Bio-Zitronensaft, frisch gepresst
- Salz und Pfeffer nach Geschmack
- 1 EL Sonnenblumenkerne, geröstet
- 2 TL Honig

Zubereitung:

1. Zuerst schneidest du die vorgekochte Rote Beete in dünne Scheiben. Achte darauf, dass du eine Schürze trägst, da die Rote Beete Flecken verursachen kann.

2. Die Karotte wird mit einem Sparschäler in dünne Streifen geschnitten.

3. Danach legst du Babyspinat, die geschnittene Rote Beete und Karottenstreifen in eine Schüssel.

4. In einer kleinen Schüssel mischst du das Olivenöl, Zitronensaft, Salz und Pfeffer zusammen. Dies wird dein Dressing sein.

5. Gieße das Dressing über deinen Salat und mische alles gut durch, bis alle Zutaten gleichmäßig mit dem Dressing bedeckt sind.

6. Streue nun den Ziegenkäse und die gerösteten Sonnenblumenkerne über den Salat.

7. Zum Schluss beträufelst du den Salat mit etwas Honig und dein Salat ist servierfertig.

Grünkohl-Bowl mit Tahini-Dressing

Zubereitungszeit: 20 Minuten
Portionen: 1 Person

Zutaten:

- 100 g Grünkohl, gewaschen und in mundgerechte Stücke gerissen
- 100 g Quinoa, gewaschen
- 1 TL natives Olivenöl extra
- Salz nach Geschmack
- Pfeffer nach Geschmack
- 1/2 Avocado, geschnitten
- 50 g Kichererbsen, abgespült und abgetropft
- 10 Cherrytomaten, halbiert
- 1 Karotte, gewaschen und in Streifen geschnitten
- 1 kleine rote Zwiebel, fein gewürfelt
- **Für das Tahini-Dressing:**
- 2 EL Tahini
- 2 EL Bio-Zitronensaft
- 1 TL Honig
- Salz nach Geschmack
- Pfeffer nach Geschmack

Zubereitung:

1. Quinoa mit 200 ml Wasser in einem Topf aufkochen. Dann bei niedriger Hitze ca. 15 Minuten köcheln lassen, bis das Wasser absorbiert ist.

2. Währenddessen den Grünkohl mit dem Olivenöl, Salz und Pfeffer in einer Pfanne 5 Minuten dünsten, bis er weich wird.

3. Für das Dressing Tahini, Zitronensaft, Honig, Salz und Pfeffer in einer Schüssel mischen, bis es gut vermischt ist.

4. Quinoa, Grünkohl, Avocado, Kichererbsen, Cherrytomaten, Karotte und Zwiebel in einer Schüssel anrichten.

5. Das Tahini-Dressing darüber verteilen.

Karotten-Kurkuma-Salat

Zubereitungszeit: 15 Minuten
Portionen: 1 Person

Zutaten:

- 2 große Karotten, geschält und in dünne Streifen geschnitten
- 2 EL natives Olivenöl extra
- 1 TL Kurkuma-Pulver
- Saft einer halben frischen Bio-Zitrone
- Eine Prise Salz
- Eine Prise schwarzer Pfeffer
- 1 EL gehackte Petersilie
- 1 EL Mandeln, gehackt und leicht geröstet

Zubereitung:

1. Gib die geschnittenen Karotten in eine Schüssel und füge das Olivenöl, das Kurkuma-Pulver, den Zitronensaft, Salz und Pfeffer hinzu. Vermische alles gründlich, damit die Karotten vollständig mit den Gewürzen bedeckt sind.

2. Lass das Karotten-Gewürz-Gemisch für etwa 10 Minuten stehen, damit die Aromen gut einziehen können.

3. Gib die gehackte Petersilie und die Mandeln dazu und vermische alles erneut.

4. Genieße deinen frischen Salat!

Erfrischender Melonen-Gurken-Salat

Zubereitungszeit: 15 Minuten
Portionen: 1 Person

Zutaten:

- 150 g Wassermelone, gewürfelt
- 100 g Gurke, in dünne Scheiben geschnitten
- 1 kleine rote Zwiebel, fein gehackt
- 2 EL frischer Bio-Zitronensaft
- 2 EL natives Olivenöl extra
- 1 Handvoll frische Minzblätter, fein gehackt
- 1 TL Chiasamen
- Eine Prise Meersalz
- Eine Prise frisch gemahlener schwarzer Pfeffer

Zubereitung:

1. Nimm eine große Salatschüssel und lege die gewürfelte Wassermelone, die Gurkenscheiben und die fein gehackte rote Zwiebel hinein.

2. In einer kleinen Schüssel bereitest du das Dressing vor. Vermische den frischen Zitronensaft und das Olivenöl. Gib eine Prise Salz und Pfeffer hinzu.

3. Gieße das Dressing über die Melonen-Gurken-Mischung und vermische alles gut miteinander.

4. Bestreue den Salat mit den fein gehackten Minzblättern und den Chiasamen.

Suppen und Eintöpfe

Hühnersuppe

Zubereitungszeit: 35 Minuten
Portionen: 1 Person

Zutaten:

- 150 g Hähnchenbrust, in Würfel geschnitten
- 1 Liter Hühnerbrühe
- 1 EL natives Olivenöl extra
- 1 mittelgroße Zwiebel, gewürfelt
- 1 Knoblauchzehe, fein gehackt
- 1 EL frischer Ingwer, gerieben
- 1 TL Kurkuma
- 1 kleine Karotte, gewürfelt
- 2 EL gehackte Petersilie
- Salz und Pfeffer nach Geschmack

Zubereitung:

1. In einem Topf das Olivenöl erhitzen. Die Zwiebel und den Knoblauch hinzufügen und anbraten, bis sie weich und duftend sind.

2. Nun das Hähnchen in den Topf geben und braten, bis es rundum weiß wird.

3. Füge den Ingwer, die Karotten und die Kurkuma hinzu. Alles gut umrühren und etwa 2 Minuten kochen lassen, um die Aromen zu verbinden.

4. Gieße die Hühnerbrühe in den Topf und bringe die Suppe zum Kochen. Reduziere die Hitze und lass sie etwa 20 Minuten köcheln, bis das Hähnchen vollständig gekocht und die Karotten weich sind.

5. Würze die Suppe mit Salz und Pfeffer. Zum Schluss die gehackte Petersilie hinzufügen.

6. Serviere die Suppe heiß.

Rote Linsensuppe mit Kokosmilch

Zubereitungszeit: 30 Minuten
Portionen: 1 Person

Zutaten:

- 50 g rote Linsen, gründlich gespült
- 1 kleine Karotte, fein gewürfelt
- 1 kleine Zwiebel, fein gewürfelt
- 1 kleine Knoblauchzehe, fein gehackt
- 1 cm frischer Ingwer, fein gerieben
- 200 ml Kokosmilch
- 500 ml Gemüsebrühe
- 1 EL natives Olivenöl extra
- 1/2 TL Kurkuma
- 1/2 TL gemahlener Kreuzkümmel
- Salz und Pfeffer nach Geschmack
- Frischer Koriander, zum Garnieren

Zubereitung:

1. Erhitze das Olivenöl in einem Topf und füge die gewürfelte Zwiebel, Karotte, gehackten Knoblauch und geriebenen Ingwer hinzu. Lass das Gemüse etwa 5 Minuten anschwitzen, bis die Zwiebeln glasig sind.

2. Gib die roten Linsen, Kurkuma und Kreuzkümmel hinzu und rühre alles gut um, so dass die Linsen mit den Gewürzen und dem Gemüse gut vermischt sind.

3. Füge die Gemüsebrühe hinzu und lass die Suppe 20 Minuten lang köcheln, bis die Linsen weich sind.

4. Sobald die Linsen gekocht sind, gib die Kokosmilch dazu und rühre gut um. Lass die Suppe weitere 5 Minuten köcheln.

5. Schmecke die Suppe mit Salz und Pfeffer ab und garniere sie mit frischem Koriander.

Karotten-Ingwer-Suppe

Zubereitungszeit: 30 Minuten
Portionen: 1 Person

Zutaten:

- 200 g Karotten, gewaschen und grob geschnitten
- 20 g frischer Ingwer, geschält und fein gewürfelt
- 1 EL natives Olivenöl extra
- 1 kleine Zwiebel, geschält und gehackt
- 400 ml Gemüsebrühe
- 50 ml Kokosmilch
- 1 TL Kurkuma
- Salz und Pfeffer nach Geschmack
- 1 EL frischer Koriander, grob gehackt (optional)

Zubereitung:

1. Erhitze das Olivenöl in einem Topf auf mittlerer Stufe. Füge die gehackte Zwiebel hinzu und brate sie, bis sie weich ist und leicht bräunt.
2. Gib die grob geschnittenen Karotten und den fein gewürfelten Ingwer in den Topf. Rühre um, damit alles gleichmäßig mit dem Öl überzogen ist.
3. Lass die Karotten und den Ingwer etwa 5 Minuten kochen, bis sie weich werden.
4. Streue den Kurkuma über die Karotten und den Ingwer. Rühre gut um, bis alles gleichmäßig mit dem Gewürz bedeckt ist.
5. Füge die Gemüsebrühe hinzu und bringe die Mischung zum Kochen. Reduziere dann die Hitze und lass die Suppe 15 Minuten köcheln, bis die Karotten ganz weich sind.
6. Nimm den Topf vom Herd und püriere die Suppe mit einem Stabmixer, bis sie glatt und cremig ist.
7. Füge die Kokosmilch hinzu und rühre um. Schmecke die Suppe mit Salz und Pfeffer ab.
8. Serviere die Suppe heiß. Bestreue sie mit dem frisch gehackten Koriander, falls gewünscht.

Kürbissuppe

Zubereitungszeit: 35 Minuten
Portionen: 1 Person

Zutaten:

- 250 g Hokkaido-Kürbis, gewaschen und gewürfelt
- 1 EL natives Olivenöl extra
- 1 kleine Zwiebel, fein gehackt
- 1 kleine Knoblauchzehe, fein gehackt
- 1 TL frisch geriebener Ingwer
- 150 ml Kokosmilch
- 300 ml Gemüsebrühe
- Salz und Pfeffer nach Geschmack
- 1 EL gehackter frischer Koriander
- 1 TL Chiliflocken (optional)

Zubereitung:

1. Erhitze das Olivenöl in einem Topf auf mittlerer Stufe. Füge die gehackte Zwiebel hinzu und brate sie, bis sie weich und durchsichtig ist.

2. Gib den gehackten Knoblauch und den geriebenen Ingwer hinzu. Kochen, bis die Aromen freigesetzt werden.

3. Füge die Kürbiswürfel hinzu und brate sie an, bis sie leicht gebräunt sind.

4. Gib die Gemüsebrühe und Kokosmilch hinzu und bringe die Mischung zum Kochen. Reduziere die Hitze und lasse die Suppe 20 Minuten köcheln oder bis der Kürbis weich ist.

5. Verwende einen Stabmixer, um die Suppe zu pürieren, bis sie glatt und cremig ist. Falls die Suppe zu dick ist, kannst du noch etwas Brühe hinzufügen.

6. Würze die Suppe mit Salz und Pfeffer nach deinem Geschmack und rühre den gehackten Koriander unter.

7. Serviere die Suppe heiß, garniert mit Chiliflocken, falls gewünscht. Guten Appetit!

Grüner Erbseneintopf mit Minze

Zubereitungszeit: 30 Minuten
Portionen: 1 Person

Zutaten:

- 150 g frische grüne Erbsen, geschält
- 1/2 Zwiebel, fein gewürfelt
- 1 EL natives Olivenöl extra
- 1 Knoblauchzehe, fein gehackt
- 250 ml Gemüsebrühe
- 1 Handvoll frische Minze, grob gehackt
- Salz und Pfeffer zum Abschmecken
- 1 TL Bio-Zitronensaft

Zubereitung:

1. Erhitze das Olivenöl in einem Topf und dünste die Zwiebel und den Knoblauch darin, bis sie glasig sind.

2. Füge die Erbsen hinzu und brate sie ein paar Minuten mit an, bis sie anfangen zu knacken.

3. Gieße die Gemüsebrühe dazu und lasse alles 15 Minuten köcheln.

4. Nachdem die Erbsen weich sind, füge die grob gehackte Minze hinzu und lass den Eintopf noch weitere 5 Minuten köcheln.

5. Nimm den Topf vom Herd und püriere den Eintopf mit einem Stabmixer, bis er die gewünschte Konsistenz erreicht hat.

6. Schmecke den Eintopf mit Salz, Pfeffer und einem Spritzer Zitronensaft ab.

Gemüsebouillon mit Quinoa

Zubereitungszeit: 25 Minuten
Portionen: 1 Person

Zutaten:

- 30 g Quinoa, abgespült
- 200 g gemischtes Gemüse (z.B. Karotten, Sellerie, Paprika), gewürfelt
- 1 kleine Zwiebel, gewürfelt
- 2 EL natives Olivenöl extra
- 1 Liter Gemüsebrühe
- 2 EL Petersilie, fein gehackt
- 1 Knoblauchzehe, gehackt
- 1 TL Kurkuma
- 1 TL Ingwer, gerieben
- Salz und Pfeffer nach Geschmack

Zubereitung:

1. Du erhitzt das Olivenöl in einem Topf und gibst die Zwiebel und den Knoblauch hinein. Lass das Ganze bei mittlerer Hitze glasig dünsten.

2. Nun fügst du das gewürfelte Gemüse hinzu und brätst es ein paar Minuten mit an, bis es anfängt, Farbe zu bekommen.

3. Quinoa kommt jetzt dazu. Mische es gut mit dem Gemüse.

4. Jetzt ist es Zeit, die Gemüsebrühe, Kurkuma und geriebenen Ingwer hinzuzufügen. Lass alles etwa 15 Minuten köcheln, bis der Quinoa gar ist.

5. Abschließend schmeckst du die Suppe mit Salz und Pfeffer ab und streust die gehackte Petersilie darüber.

Tomaten-Basilikum-Suppe

Zubereitungszeit: 20 Minuten
Portionen: 1 Person

Zutaten:

- 200 g Tomaten, frisch und gewürfelt
- 1 EL natives Olivenöl extra
- 1 kleine Zwiebel, gewürfelt
- 1 Knoblauchzehe, fein gehackt
- 1 TL frischer Ingwer, gerieben
- 200 ml Gemüsebrühe
- 1 Handvoll frischer Basilikum, grob gehackt
- Salz und schwarzer Pfeffer, nach Geschmack

Zubereitung:

1. Erhitze das Olivenöl in einem Topf und füge die Zwiebel hinzu. Dünste sie auf mittlerer Hitze, bis sie weich und durchsichtig ist.

2. Gib den Knoblauch und den Ingwer hinzu und brate sie weitere 2 Minuten an.

3. Füge jetzt die gewürfelten Tomaten hinzu und lasse das Ganze etwa 5 Minuten köcheln, bis die Tomaten weich sind.

4. Gieße die Gemüsebrühe hinzu und bringe die Suppe zum Kochen. Reduziere dann die Hitze und lasse die Suppe 10 Minuten lang sanft köcheln.

5. Vom Herd nehmen und den gehackten Basilikum unterrühren. Mit Salz und Pfeffer abschmecken.

6. Die Suppe ist jetzt bereit zum Verzehr! Du kannst sie mit einer Scheibe deines Lieblingsbrots servieren, wenn du möchtest.

Weiße Bohnensuppe

Zubereitungszeit: 25 Minuten
Portionen: 1 Person

Zutaten:

- 100 g Weiße Bohnen, bereits gekocht
- 1 EL natives Olivenöl extra
- 1 Knoblauchzehe, geschält und fein gehackt
- 200 g Frischer Spinat, gewaschen und grob gehackt
- 500 ml Gemüsebrühe
- Salz und Pfeffer nach Geschmack
- 1 TL Chiliflocken (optional)
- 1 EL Bio-Zitronensaft

Zubereitung:

1. Erwärme das Olivenöl in einem mittelgroßen Topf über mittlerer Hitze. Gib den fein gehackten Knoblauch hinzu und dünste ihn etwa 2 Minuten an, bis er duftet.

2. Füge die gekochten weißen Bohnen hinzu und koche sie für weitere 2 Minuten, damit sie sich gut mit dem Knoblauch vermischen.

3. Gib den Spinat in den Topf und rühre ihn um, bis er zusammenfällt. Das dauert etwa 2-3 Minuten.

4. Gieße die Gemüsebrühe ein und würze mit Salz, Pfeffer und optional Chiliflocken. Lass die Suppe etwa 10 Minuten köcheln.

5. Nimm den Topf vom Herd und püriere die Suppe mit einem Stabmixer, bis sie eine cremige Konsistenz hat.

6. Füge den Zitronensaft hinzu und rühre ihn unter. Probiere die Suppe und würze nach, falls nötig.

7. Gieße die Suppe in eine Schüssel und serviere sie heiß.

Süßkartoffelsuppe mit Chili

Zubereitungszeit: 30 Minuten
Portionen: 1 Person

Zutaten:

- 1 mittelgroße Süßkartoffel, geschält und gewürfelt
- 1 kleine rote Chili, fein gehackt
- Saft und Schale einer halben Limette
- 1 EL natives Olivenöl extra
- 400 ml Gemüsebrühe
- 1 kleine Zwiebel, gehackt
- 1 TL Kurkuma
- 1 TL Ingwer, gerieben
- Salz und Pfeffer nach Geschmack
- Einige frische Korianderblätter, zum Garnieren

Zubereitung:

1. Erhitze das Olivenöl in einem Topf. Füge die Zwiebel hinzu und dünste sie, bis sie weich ist.

2. Gib die Süßkartoffelwürfel, die gehackte Chili, den Kurkuma und den geriebenen Ingwer in den Topf. Rühre um, bis alles gut vermischt ist.

3. Füge die Gemüsebrühe hinzu und bringe die Suppe zum Kochen. Reduziere dann die Hitze und lass die Suppe etwa 20 Minuten köcheln, bis die Süßkartoffel weich ist.

4. Nimm den Topf vom Herd und püriere die Suppe mit einem Stabmixer, bis sie glatt ist.

5. Füge den Limettensaft und die Limettenschale hinzu. Würze die Suppe mit Salz und Pfeffer.

6. Serviere die Suppe heiß, garniert mit einigen frischen Korianderblättern.

Brokkoli-Cremesuppe mit Mandeln

Zubereitungszeit: 30 Minuten
Portionen: 1 Person

Zutaten:

- 200 g frischen Brokkoli, in Röschen geteilt
- 15 g gehackte Mandeln
- 1 Knoblauchzehe, fein gehackt
- 1 kleines Stück Ingwer (ca. 1 cm), fein gehackt
- 250 ml Gemüsebrühe
- 50 ml ungesüßte Mandelmilch
- 1 TL natives Olivenöl extra
- Salz und Pfeffer nach Geschmack

Zubereitung:

1. Den Brokkoli gründlich waschen und in Röschen teilen. Knoblauch und Ingwer fein hacken.

2. In einer Pfanne das Olivenöl erhitzen. Den gehackten Knoblauch und Ingwer hinzufügen und anbraten, bis sie duften.

3. Die Brokkoliröschen dazugeben und kurz anbraten, dann mit der Gemüsebrühe ablöschen. Auf mittlerer Hitze köcheln lassen, bis der Brokkoli weich ist.

4. Während der Brokkoli kocht, in einer separaten Pfanne die Mandeln ohne Fett rösten, bis sie goldbraun sind und angenehm duften. Vorsicht, sie verbrennen schnell!

5. Wenn der Brokkoli weich ist, die Pfanne vom Herd nehmen und etwas abkühlen lassen. Die Suppe dann in einem Mixer glatt pürieren, dabei die Mandelmilch hinzufügen, bis die gewünschte Konsistenz erreicht ist.

6. Die Suppe zurück in den Topf geben und bei Bedarf nochmal erhitzen. Mit Salz und Pfeffer abschmecken.

7. Die Suppe in eine Schüssel geben und mit den gerösteten Mandeln garnieren.

Hauptgerichte

Lachs mit Zitronen-Knoblauch-Kruste

Zubereitungszeit: 30 Minuten
Portionen: 1 Person

Zutaten:

- 150 g Lachsfilet, ohne Haut
- 50 g Quinoa, abgespült
- 1 Knoblauchzehe, fein gehackt
- 1 Bio-Zitrone, Saft und abgeriebene Schale
- 2 EL natives Olivenöl extra
- 1 EL Mandelblättchen, leicht geröstet
- 1 kleine Handvoll frischer Dill, gehackt
- Salz und schwarzer Pfeffer nach Geschmack

Zubereitung:

1. Heize den Ofen auf 180 Grad vor. Koche den Quinoa in doppelter Menge Wasser für etwa 15 Minuten, bis es weich ist. Lass es abgedeckt beiseite stehen, um es warm zu halten.

2. Währenddessen mische Knoblauch, Zitronensaft, Zitronenschale und gehackten Dill in einer kleinen Schale. Füge 1 EL Olivenöl hinzu und verrühre alles gut.

3. Lege den Lachs auf ein mit Backpapier ausgelegtes Backblech. Würze ihn mit Salz und Pfeffer und bepinsle ihn gleichmäßig mit der Zitronen-Knoblauch-Mischung.

4. Backe den Lachs für etwa 12-15 Minuten im vorgeheizten Ofen, oder bis er gerade durchgegart ist.

5. In der Zwischenzeit röste die Mandelblättchen in einer trockenen Pfanne, bis sie leicht gebräunt sind.

6. Wenn der Lachs fertig ist, nimm ihn aus dem Ofen und lasse ihn kurz ruhen.

7. Mische den gekochten Quinoa mit den gerösteten Mandelblättchen und dem restlichen EL Olivenöl. Würze nach Bedarf mit Salz und Pfeffer.

8. Serviere den Lachs auf dem Quinoa.

Hähnchenbrust mit Brokkoli und Süßkartoffel

Zubereitungszeit: 30 Minuten
Portionen: 1 Person

Zutaten:

- 1 Hähnchenbrust (150 g), ungewürzt und in Würfel geschnitten
- 1 Süßkartoffel (150 g), gewürfelt
- 1 kleiner Brokkoli (100 g), in kleine Röschen geteilt
- 1 EL natives Olivenöl extra
- 1 TL Kurkuma
- 1 TL Paprika, edelsüß
- 1/2 TL Ingwer, gemahlen
- Salz und Pfeffer nach Geschmack
- 1 EL Bio-Zitronensaft
- 1 EL Honig
- 2 EL Wasser

Zubereitung:

1. Erhitze das Olivenöl in einer Pfanne und gib die Hähnchenbrustwürfel dazu. Brate sie rundherum an, bis sie goldbraun sind.

2. Während das Hähnchen brät, koche die gewürfelte Süßkartoffel in leicht gesalzenem Wasser etwa 10 Minuten, bis sie weich ist.

3. Gib den Brokkoli in eine separate Pfanne mit einem EL Wasser und dünste ihn auf mittlerer Hitze für etwa 5 Minuten.

4. Sobald das Hähnchen fertig ist, gib Kurkuma, Paprika, gemahlenen Ingwer, Salz und Pfeffer dazu. Rühre gut um, damit das Hähnchen gleichmäßig gewürzt wird.

5. Füge den Zitronensaft und Honig zu dem Hähnchen hinzu und verrühre alles gut. Lass es weitere 2 Minuten kochen.

6. Füge nun die gekochten Süßkartoffelwürfel und den Brokkoli zu dem Hähnchen in der Pfanne hinzu und verrühre alles sorgfältig.

7. Lass alles noch etwa 2-3 Minuten zusammen köcheln und serviere es danach heiß.

Gebackene Aubergine mit Tomaten und Zucchini

Zubereitungszeit: 40 Minuten
Portionen: 1 Person

Zutaten:

- 1 kleine Aubergine, gewaschen und in Scheiben geschnitten
- 1 mittelgroße Zucchini, gewaschen und in Scheiben geschnitten
- 2 reife Tomaten, gewaschen und in Scheiben geschnitten
- 2 EL natives Olivenöl extra
- Salz und Pfeffer nach Geschmack
- 1 TL getrockneter Basilikum
- 1 TL getrockneter Oregano
- 1 EL gehackte frische Petersilie
- 1 Knoblauchzehe, fein gehackt
- 2 EL Balsamico-Essig

Zubereitung:

1. Heize deinen Backofen auf 200 Grad vor.
2. Lege die geschnittenen Auberginen, Zucchini und Tomaten in einer einzigen Schicht auf ein Backblech.
3. Bepinsle das Gemüse mit Olivenöl und bestreue es gleichmäßig mit Salz, Pfeffer, Basilikum und Oregano.
4. Gib das Backblech in den vorgeheizten Ofen und backe das Gemüse 20 Minuten lang, oder bis es weich und leicht gebräunt ist.
5. Während das Gemüse im Ofen ist, vermische in einer kleinen Schüssel den gehackten Knoblauch, die Petersilie und den Balsamico-Essig.
6. Wenn das Gemüse fertig ist, nimm es aus dem Ofen und beträufle es mit der Knoblauch-Petersilien-Balsamico-Mischung.
7. Serviere das gebackene Gemüse sofort, während es noch warm ist.

Linsen-Curry mit Kokosmilch

Zubereitungszeit: 30 Minuten
Portionen: 1 Person

Zutaten:

- 50 g grüne Linsen, abgespült
- 1 EL Kokosöl
- 1 kleine Zwiebel, gewürfelt
- 1 Knoblauchzehe, fein gehackt
- 1 TL frisch geriebener Ingwer
- 1/2 TL Kurkuma
- 1/2 TL gemahlener Kreuzkümmel
- 250 ml Kokosmilch
- 100 g frischer Spinat, gewaschen und grob gehackt
- 1 EL frischer Bio-Zitronensaft
- Salz und Pfeffer nach Geschmack

Zubereitung:

1. Koche die Linsen nach Packungsanweisung und stelle sie zur Seite.
2. Erhitze das Kokosöl in einer Pfanne und brate die Zwiebel, den Knoblauch und den Ingwer an, bis sie duftend sind.
3. Füge die Gewürze (Kurkuma und Kreuzkümmel) hinzu und rühre sie kurz unter.
4. Gieße die Kokosmilch ein und lasse sie ein paar Minuten köcheln, bis die Gewürze gut eingezogen sind.
5. Füge die vorgekochten Linsen und den Spinat hinzu. Koche das Ganze weiter, bis der Spinat welk ist.
6. Schmecke mit Zitronensaft, Salz und Pfeffer ab und serviere dein Curry heiß.

Thunfischsteak

Zubereitungszeit: 25 Minuten
Portionen: 1 Person

Zutaten:

- 150 g Thunfischsteak, frisch
- 1 EL natives Olivenöl extra
- 15 g grüne Oliven, entsteint und in Scheiben geschnitten
- 1 TL Kapern, abgespült und abgetropft
- 1 Knoblauchzehe, fein gehackt
- Saft und Abrieb einer halben Bio-Zitrone
- 50 ml Weißwein
- Salz und Pfeffer nach Geschmack
- Frischer Dill, zum Garnieren

Zubereitung:

1. Erhitze das Olivenöl in einer Pfanne über mittlerer Hitze.

2. Salze und pfeffere das Thunfischsteak auf beiden Seiten und lege es in die heiße Pfanne. Brate es für etwa 2 Minuten auf jeder Seite, bis es leicht gebräunt ist, aber innen noch rosa bleibt. Nimm das Steak aus der Pfanne und stelle es beiseite.

3. In derselben Pfanne gib nun die gehackten Oliven, Kapern und den Knoblauch hinzu. Brate diese Zutaten etwa 1 Minute lang, bis der Knoblauch duftet.

4. Nun gieße den Weißwein in die Pfanne und lasse ihn etwa 2 Minuten köcheln, bis er sich halbiert hat.

5. Füge den Zitronensaft und Zitronenabrieb hinzu und rühre gut um. Schmecke die Sauce mit Salz und Pfeffer ab.

6. Lege das Thunfischsteak zurück in die Pfanne und lass es 1 Minute lang in der Sauce köcheln.

7. Serviere das Steak mit der Oliven-Kapern-Sauce und garniere es mit frischem Dill. Guten Appetit!

Quinoa-Pilz-Pfanne mit Spinat

Zubereitungszeit: 30 Minuten
Portionen: 1 Person

Zutaten:

- 75 g Quinoa, gut gespült
- 1 EL natives Olivenöl extra
- 1 mittelgroße Zwiebel, fein gewürfelt
- 1 Knoblauchzehe, fein gehackt
- 200 g frische Pilze, in Scheiben geschnitten
- 75 g frischer Spinat, gewaschen und grob gehackt
- Salz und Pfeffer nach Geschmack
- 1 TL Kurkuma
- 1 EL frischer Bio-Zitronensaft

Zubereitung:

1. Koche den Quinoa nach den Anweisungen auf der Packung und stelle ihn beiseite.

2. Erhitze das Olivenöl in einer Pfanne über mittlerer Hitze. Füge die Zwiebel und den Knoblauch hinzu und brate sie an, bis sie weich und aromatisch sind.

3. Füge die Pilze hinzu und brate sie an, bis sie weich sind und beginnen, ihre Feuchtigkeit freizusetzen.

4. Gib den Spinat in die Pfanne und brate ihn an, bis er welk ist.

5. Füge den gekochten Quinoa hinzu und mische alles gut durch. Würze mit Salz, Pfeffer und Kurkuma.

6. Träufle den Zitronensaft über die Pfanne und mische alles noch einmal gut durch. Lasse das Ganze noch 2-3 Minuten köcheln, damit die Aromen sich verbinden können.

Zucchini-Nudeln mit Avocado-Pesto

Zubereitungszeit: 20 Minuten
Portionen: 1 Person

Zutaten:

- 1 mittelgroße Zucchini, gewaschen und Enden abgeschnitten
- 1 reife Avocado, halbiert und entkernt
- 1 EL frisch gepresster Bio-Zitronensaft
- 2 EL natives Olivenöl extra
- 1 Knoblauchzehe, geschält
- 20 g frisches Basilikum, gewaschen und trocken geschüttelt
- 30 g Pinienkerne, geröstet
- Salz und frisch gemahlener Pfeffer nach Geschmack
- 1 EL geriebener Parmesan, optional

Zubereitung:

1. Mach aus der Zucchini mit einem Spiralschneider Spaghetti-artige Nudeln. Stell diese zur Seite.

2. In einer kleinen Pfanne röste die Pinienkerne auf mittlerer Hitze, bis sie golden sind. Vorsicht, sie brennen schnell an!

3. Die Avocado, den Zitronensaft, das Olivenöl, die Knoblauchzehe, das Basilikum, die gerösteten Pinienkerne, Salz und Pfeffer gibst du in einen Mixer. Mixe alles zu einem cremigen Pesto.

4. Gib das Avocado-Pesto zu den Zucchini-Nudeln und vermische alles gut.

5. Serviere die Zucchini-Nudeln mit Avocado-Pesto in einer Schüssel und streue optional etwas geriebenen Parmesan darüber. Genieße deine Mahlzeit!

Garnelen mit Knoblauch und Chili

Zubereitungszeit: 20 Minuten
Portionen: 1 Person

Zutaten:

- 200 g Garnelen, entdarmt und geschält
- 1 EL natives Olivenöl extra
- 2 Knoblauchzehen, fein gehackt
- 1 rote Chilischote, fein geschnitten (Kerne entfernen für weniger Schärfe)
- 50 ml Gemüsebrühe
- Frischer Zitronensaft von 1/2 Bio-Zitrone
- 1 EL frisch gehackte Petersilie
- Salz und Pfeffer nach Geschmack

Zubereitung:

1. Erhitze das Olivenöl in einer Pfanne über mittlerer Hitze.

2. Füge den gehackten Knoblauch und die geschnittene Chili hinzu. Brate sie, bis sie duften, aber nicht verbrennen. Das dauert in der Regel 1-2 Minuten.

3. Gib die Garnelen in die Pfanne. Brate sie von beiden Seiten, bis sie rosa sind. Das dauert ungefähr 2-3 Minuten pro Seite.

4. Füge die Gemüsebrühe hinzu und lass die Mischung 2-3 Minuten köcheln.

5. Nimm die Pfanne vom Herd. Gib den Zitronensaft, die Petersilie, Salz und Pfeffer hinzu. Rühre alles gut um.

6. Serviere die Garnelen sofort, solange sie noch warm sind.

Spaghetti mit Spinat-Knoblauch-Sauce

Zubereitungszeit: 20 Minuten
Portionen: 1 Person

Zutaten:

- 75 g Vollkorn-Spaghetti
- 100 g frischer Spinat, gewaschen und grob gehackt
- 2 EL natives Olivenöl extra
- 2 Knoblauchzehen, fein gehackt
- 1 rote Chili, entkernt und fein gehackt
- 50 ml Gemüsebrühe
- Salz und schwarzer Pfeffer nach Geschmack
- 1 EL Bio-Zitronensaft
- 1 EL geriebener Parmesan

Zubereitung:

1. Koche die Vollkorn-Spaghetti nach Packungsanweisung in Salzwasser al dente.

2. Erhitze währenddessen das Olivenöl in einer Pfanne über mittlerer Hitze. Füge den Knoblauch und die Chili hinzu und brate sie vorsichtig an, bis der Knoblauch goldbraun ist.

3. Gib nun den Spinat in die Pfanne und rühre um, bis er zusammenfällt. Gieße die Gemüsebrühe dazu und lasse alles für etwa 5 Minuten köcheln.

4. Würze die Spinat-Knoblauch-Sauce mit Salz, Pfeffer und Zitronensaft ab.

5. Gieße die Spaghetti ab und hebe sie unter die Sauce.

6. Richte die Spaghetti mit Spinat-Knoblauch-Sauce auf einem Teller an und streue den geriebenen Parmesan darüber.

Mediterranes Hähnchen

Zubereitungszeit: 30 Minuten
Portionen: 1 Person

Zutaten:

- 150 g Hähnchenbrust, in Würfel geschnitten
- 1 EL natives Olivenöl extra
- 1 kleine Zwiebel, fein gewürfelt
- 1 Knoblauchzehe, fein gehackt
- 100 g grüne Oliven, entsteint und halbiert
- Schale und Saft einer halben Bio-Zitrone
- Eine Prise Salz
- Eine Prise Pfeffer
- 1 TL getrockneter Oregano
- 200 g Brokkoli, in Röschen geteilt und vorgekocht
- 50 g Cherrytomaten, halbiert
- 1 TL natives Olivenöl extra zum Beträufeln

Zubereitung:

1. Erhitze das Olivenöl in einer Pfanne bei mittlerer Hitze und füge die Hähnchenwürfel hinzu. Brate das Fleisch an, bis es eine schöne goldene Farbe hat.
2. Gib die Zwiebel und den Knoblauch dazu und dünste beides, bis die Zwiebel glasig ist.
3. Füge die Oliven, Zitronenschale, Zitronensaft, Salz, Pfeffer und Oregano hinzu. Verrühre alles gut und lass es 5 Minuten köcheln.
4. In der Zwischenzeit dämpfe den Brokkoli, bis er weich ist, aber noch Biss hat. Dies sollte etwa 5 Minuten dauern.
5. Gib den Brokkoli und die Cherrytomaten in die Pfanne zum Hähnchen. Verrühre alles gut und lass es nochmal 2-3 Minuten köcheln.
6. Serviere dein Hähnchen mit einem Spritzer Olivenöl.

Snacks und Beilagen

Geröstete Kichererbsen

Zubereitungszeit: 30 Minuten
Portionen: 1 Person

Zutaten:

- 200 g Kichererbsen, abgespült und abgetropft
- 1 TL Kurkuma, gemahlen
- 1/2 TL Paprika, gemahlen
- 1 EL natives Olivenöl extra
- Salz nach Geschmack
- 1 EL frisch gepresster Bio-Zitronensaft
- 2 EL frischer Petersilie, fein gehackt

Zubereitung:

1. Heize den Ofen auf 200 Grad vor.
2. Lege die Kichererbsen auf ein sauberes Küchentuch und trockne sie gut ab.
3. Vermische die trockenen Kichererbsen in einer Schüssel mit Kurkuma, Paprika, Olivenöl und Salz, sodass alle gut bedeckt sind.
4. Verteile die gewürzten Kichererbsen gleichmäßig auf einem Backblech.
5. Röste die Kichererbsen im vorgeheizten Ofen etwa 20 Minuten, bis sie knusprig sind. Rühre sie dabei gelegentlich um.
6. Nimm die Kichererbsen aus dem Ofen und beträufle sie sofort mit Zitronensaft. Bestreue sie mit der fein gehackten Petersilie.
7. Lasse die Kichererbsen vor dem Verzehr einen kurzen Moment abkühlen.

Süßkartoffel-Pommes mit Avocado-Dip

Zubereitungszeit: 30 Minuten
Portionen: 1 Person

Zutaten:

- 1 große Süßkartoffel, gewaschen und in Pommes-Streifen geschnitten
- 1 TL natives Olivenöl extra
- Prise Salz und Pfeffer
- 1/2 reife Avocado, geschält und entkernt
- 1 EL frisch gepresster Bio-Zitronensaft
- 1 kleine Knoblauchzehe, gehackt
- Prise Paprika

Zubereitung:

1. Heize deinen Ofen auf 220 Grad vor.
2. Lege die Süßkartoffel-Pommes in eine Schüssel, gib das Olivenöl, Salz und Pfeffer dazu. Vermenge alles gut, bis die Pommes gut mit dem Öl und den Gewürzen bedeckt sind.
3. Verteile die Pommes auf einem Backblech und backe sie für etwa 20 Minuten im Ofen, bis sie goldbraun und knusprig sind.
4. Während die Pommes im Ofen sind, bereitest du den Avocado-Dip vor. Dazu zerdrückst du die Avocado mit einer Gabel in einer Schüssel, gibst den Zitronensaft, den gehackten Knoblauch und die Prise Paprika dazu und rührst alles gut um.
5. Sobald die Pommes fertig sind, serviere sie mit dem Avocado-Dip. Guten Appetit!

Knusprige Grünkohl-Chips

Zubereitungszeit: 25 Minuten
Portionen: 1 Person

Zutaten:

- 200 g Grünkohl, gewaschen, ohne Stiele, und in mundgerechte Stücke gerissen
- 1 EL natives Olivenöl extra
- 1 TL Kurkuma-Pulver
- 1/2 TL Chiliflocken
- 1/2 TL Meersalz

Zubereitung:

1. Heize deinen Ofen auf 150 Grad vor.

2. Gib den vorbereiteten Grünkohl in eine Schüssel. Füge das Olivenöl hinzu und vermische alles gründlich, bis alle Grünkohl-Blätter mit Öl bedeckt sind.

3. Verteile den Grünkohl gleichmäßig auf einem mit Backpapier ausgelegten Backblech. Achte darauf, dass die Blätter nicht übereinander liegen.

4. Streue nun das Kurkuma-Pulver, die Chiliflocken und das Meersalz über den Grünkohl.

5. Backe den Grünkohl etwa 15-20 Minuten im vorgeheizten Ofen, bis die Ränder knusprig sind, aber noch nicht verbrannt. Es ist wichtig, den Grünkohl während des Backvorgangs zu beobachten, da er leicht verbrennen kann.

6. Nachdem du die Grünkohl-Chips zubereitet hast, lasse sie kurz abkühlen, um sie noch knuspriger zu machen.

Gemüse-Sticks mit Hummus

Zubereitungszeit: 20 Minuten
Portionen: 1 Person

Zutaten:

- **Für die Gemüse-Sticks:**
- 1 Karotte, geschält und in Sticks geschnitten
- 1 kleine Gurke, gewaschen und in Sticks geschnitten
- 1 Paprika, entkernt und in Sticks geschnitten
- **Für den Hummus:**
- 100 g Kichererbsen aus der Dose, abgetropft
- 1 EL Tahin (Sesampaste)
- 1 Knoblauchzehe, geschält
- 1 EL natives Olivenöl extra
- Saft von einer halben Bio-Zitrone
- Salz und Pfeffer zum Abschmecken

Zubereitung:

1. Beginne mit dem Hummus. Gib die Kichererbsen, das Tahin, den Knoblauch, das Olivenöl und den Zitronensaft in einen Mixer oder eine Küchenmaschine.

2. Mixe alles, bis du eine cremige Masse erhältst. Wenn du magst, kannst du etwas Wasser hinzufügen, um die gewünschte Konsistenz zu erreichen.

3. Schmecke den Hummus mit Salz und Pfeffer ab und stelle ihn beiseite.

4. Nun bereite die Gemüse-Sticks vor. Wasche und schäle die Karotte und schneide sie in Sticks. Mache das Gleiche mit der Gurke und der Paprika.

5. Serviere die Gemüse-Sticks zusammen mit dem Hummus.

Gegrillte Zucchini

Zubereitungszeit: 15 Minuten
Portionen: 1 Person

Zutaten:

- 1 Zucchini, gewaschen und in Scheiben von 1 cm geschnitten
- 2 EL natives Olivenöl extra
- Saft einer halben Bio-Zitrone
- 1 TL Thymian, frisch gehackt
- Salz und Pfeffer nach Geschmack
- 1 EL Pinienkerne, geröstet
- 1 TL Honig
- 2 EL Feta, zerbröckelt

Zubereitung:

1. Den Grill auf mittlere Stufe vorheizen.

2. Zucchinischeiben mit 1 EL Olivenöl bepinseln und auf den Grill legen. Etwa 3-4 Minuten pro Seite grillen, bis sie weich und leicht gebräunt sind.

3. In der Zwischenzeit in einer kleinen Schüssel den Zitronensaft, den restlichen EL Olivenöl, Thymian, Honig, Salz und Pfeffer zu einer Sauce vermischen.

4. Die gegrillten Zucchinischeiben vom Grill nehmen und in der Sauce wenden, bis sie gut bedeckt sind.

5. Das Gericht mit den gerösteten Pinienkernen und zerbröckeltem Feta garnieren.

Rote Beete Hummus

Zubereitungszeit: 15 Minuten
Portionen: 1 Person

Zutaten:

- 100 g gekochte Rote Beete, in Stücke geschnitten
- 1 Dose Kichererbsen (ca. 240 g Abtropfgewicht)
- 2 EL natives Olivenöl extra
- 1 EL Bio-Zitronensaft
- 1 TL Kreuzkümmel, gemahlen
- 1 kleine Knoblauchzehe, geschält und gehackt
- Salz nach Geschmack
- Ein paar Blätter frische Petersilie zum Garnieren

Zubereitung:

1. Leere die Kichererbsen in ein Sieb und spüle sie gründlich unter kaltem Wasser ab. Lass sie gut abtropfen.

2. Gib die abgetropften Kichererbsen, die Rote Beete Stücke, das Olivenöl, den Zitronensaft, den Kreuzkümmel und den gehackten Knoblauch in einen Mixer.

3. Mixe alles, bis eine glatte Masse entsteht. Sollte der Hummus zu dick sein, kannst du ein bisschen Wasser hinzufügen. Würze dann mit Salz nach Geschmack.

4. Gib den Hummus in eine Schüssel und garniere ihn mit ein paar Blättern frischer Petersilie.

Mandel-Karotten-Püree

Zubereitungszeit: 30 Minuten
Portionen: 1 Person

Zutaten:

- 250 g Karotten, gewaschen und geschält
- 50 g Mandeln, grob gehackt
- 250 ml Gemüsebrühe
- 1 TL frisch geriebener Ingwer
- 1 EL natives Olivenöl extra
- Salz und Pfeffer nach Geschmack
- Eine Handvoll frische Petersilie, gehackt
- 1 TL frisch gepresster Bio-Zitronensaft

Zubereitung:

1. Setze einen kleinen Topf auf den Herd und gib das Olivenöl hinein. Sobald das Öl heiß ist, füge die gehackten Mandeln hinzu und brate sie unter Rühren an, bis sie goldbraun sind. Nimm sie dann aus dem Topf und stelle sie beiseite.

2. Schneide die Karotten in kleine Stücke und gib sie in den Topf. Füge die Gemüsebrühe hinzu und bringe alles zum Kochen. Reduziere dann die Hitze und lasse es 20 Minuten köcheln, bis die Karotten weich sind.

3. Gib die weichen Karotten zusammen mit der Gemüsebrühe, dem frisch geriebenen Ingwer und den gerösteten Mandeln in einen Mixer. Mixe alles, bis es eine glatte Konsistenz hat.

4. Schmecke das Püree mit Salz, Pfeffer und dem frisch gepressten Zitronensaft ab. Füge dann die gehackte Petersilie hinzu und rühre nochmals um.

Gebratene Pilze mit Knoblauch und Petersilie

Zubereitungszeit: 15 Minuten
Portionen: 1 Person

Zutaten:

- 200 g Champignons, frisch und in Scheiben geschnitten
- 2 EL natives Olivenöl extra
- 2 Knoblauchzehen, gehackt
- 1 EL frische Petersilie, fein gehackt
- Salz und Pfeffer nach Geschmack
- Ein Spritzer Bio-Zitronensaft

Zubereitung:

1. Erhitze das Olivenöl in einer großen Pfanne über mittlerer Hitze.

2. Gib die gehackten Knoblauchzehen hinzu und dünste sie, bis sie goldbraun sind. Pass dabei auf, dass der Knoblauch nicht verbrennt.

3. Füge die geschnittenen Champignons hinzu. Brate sie an, bis sie schön gebräunt und weich sind. Dies dauert etwa 5-7 Minuten.

4. Würze die Pilze mit Salz und Pfeffer. Gib einen Spritzer Zitronensaft hinzu. Dies wird den Geschmack der Pilze hervorheben und eine angenehme Säure hinzufügen.

5. Zum Schluss streue die gehackte Petersilie über die Pilze und brate alles noch Weitere 1-2 Minuten.

Karotten-Zucchini-Muffins

Zubereitungszeit: 35 Minuten
Portionen: 6 Muffins

Zutaten:

- 70 g Vollkornmehl
- 50 g Haferflocken
- 1/2 TL Backpulver
- 1/4 TL Natron
- 1 Prise Salz
- 1/2 TL Zimt
- 1 mittelgroße Karotte, fein geraspelt
- 1 kleine Zucchini, entkernt und fein geraspelt
- 1 EL natives Olivenöl extra
- 1 EL Honig
- 1 Bio-Ei
- 50 ml ungesüßte Mandelmilch

Zubereitung:

1. Heize deinen Ofen auf 180 Grad vor und bereite ein Muffinblech mit 6 Förmchen vor.

2. In einer Schüssel vermischt du das Vollkornmehl, Haferflocken, Backpulver, Natron, Salz und Zimt.

3. Die geraspelte Karotte und Zucchini gibst du in eine zweite Schüssel. Füge das Olivenöl, Honig, Ei und die Mandelmilch hinzu und vermische alles gut miteinander.

4. Die trockenen Zutaten rührst du nun in die nasse Mischung ein. Verrühre alles, bis es gerade so vermischt ist.

5. Verteile den Teig gleichmäßig auf die vorbereiteten Muffinförmchen und backe sie im vorgeheizten Ofen für 20-25 Minuten, bis sie goldbraun sind und ein Zahnstocher sauber herauskommt, wenn du ihn in die Mitte einstichst.

6. Lass die Muffins ein paar Minuten im Blech abkühlen, bevor du sie herausnimmst.

Knusprige Zucchini-Pommes

Zubereitungszeit: 30 Minuten
Portionen: 1 Person

Zutaten:

- 1 mittelgroße Zucchini, in dünne Streifen geschnitten
- 30 g Vollkorn-Paniermehl
- 15 g Parmesan, fein gerieben
- 1 EL natives Olivenöl extra
- 1 TL Oregano
- 1 TL Paprika, edelsüß
- Salz und Pfeffer nach Geschmack

Zubereitung:

1. Heize deinen Backofen auf 200 Grad vor.

2. In einer flachen Schüssel vermische das Vollkorn-Paniermehl, den geriebenen Parmesan, Oregano, Paprika, Salz und Pfeffer.

3. Gib die Zucchinistreifen in eine separate Schüssel und träufle das Olivenöl darüber. Rühre gut um, sodass jeder Zucchinistreifen mit dem Öl bedeckt ist.

4. Ziehe nun jeden Zucchinistreifen durch die Paniermischung. Achte darauf, dass sie vollständig bedeckt ist. Lege die panierten Zucchini dann auf ein mit Backpapier ausgelegtes Backblech.

5. Backe die Zucchini-Pommes für etwa 15-20 Minuten im vorgeheizten Ofen, bis sie goldbraun und knusprig sind.

Getränke und Smoothies

Kurkuma-Latte

Zubereitungszeit: 10 Minuten
Portionen: 1 Person

Zutaten:

- 300 ml Mandelmilch, unge-süßt
- 1 TL Kurkumapulver
- 1 EL Honig
- 1/2 TL Ingwerpulver
- Eine Prise schwarzer Pfeffer
- 1/4 TL Vanilleextrakt

Zubereitung:

1. Erhitze die Mandelmilch in einem kleinen Topf auf mittlerer Hitze, aber lass sie nicht kochen.

2. Füge das Kurkumapulver, den Honig, das Ingwerpulver und den schwarzen Pfeffer hinzu.

3. Rühre alles gut um, bis die Gewürze vollständig in der Milch aufgelöst sind und der Honig gut vermischt ist.

4. Füge jetzt den Vanilleextrakt hinzu und rühre noch einmal gut um.

5. Lass die Mischung noch etwa 2 Minuten auf der Hitze, während du ständig rührst.

6. Gieße deine Kurkuma-Latte in eine große Tasse.

Beeren-Smoothie mit Spinat

Zubereitungszeit: 10 Minuten
Portionen: 1 Smoothie

Zutaten:

- 60 g frischer Spinat, gewaschen und abgetropft
- 120 g gemischte Beeren (Himbeeren, Blaubeeren, Erdbeeren), frisch oder tiefgekühlt
- 1 reife Banane, in Scheiben geschnitten
- 1 EL Chiasamen
- 240 ml Mandelmilch, ungesüßt
- 1 TL Ingwerpulver
- 1 TL Kurkumapulver
- 1 Prise schwarzer Pfeffer

Zubereitung:

1. Nimm deinen Standmixer und gib zuerst den frischen Spinat hinein.
2. Füge die gemischten Beeren und die Bananenscheiben hinzu.
3. Nun kommen Chiasamen, Ingwerpulver, Kurkumapulver und die Prise schwarzer Pfeffer dazu.
4. Gieße schließlich die Mandelmilch ein und stelle sicher, dass alle Zutaten von der Flüssigkeit bedeckt sind.
5. Schließe den Deckel des Mixers und püriere alles auf hoher Stufe für etwa 1-2 Minuten, bis der Smoothie eine cremige Konsistenz erreicht.
6. Gieße deinen Smoothie in ein großes Glas.

Grüner Tee

Zubereitungszeit: 10 Minuten
Portionen: 1 Person

Zutaten:

- 1 grüne Teebeutel oder 1 EL grüne Teeblätter
- 2 Scheiben frischer Ingwer, etwa 2 cm dick
- Saft von 1/2 frischen Bio-Zitrone
- 1 TL Honig, optional
- 300 ml Wasser

Zubereitung:

1. Setze das Wasser in einem Topf auf und bringe es zum Kochen.
2. Sobald das Wasser kocht, schalte die Hitze herunter und lege den grünen Teebeutel oder die grünen Teeblätter und die Ingwerscheiben hinein. Lass den Tee und Ingwer für etwa 3-4 Minuten ziehen.
3. Währenddessen presse den Saft aus der halben Zitrone.
4. Entferne nach der Ziehzeit den Teebeutel oder die Teeblätter und den Ingwer aus dem Wasser. Füge den frisch gepressten Zitronensaft hinzu und rühre gut um.
5. Optional kannst du einen TL Honig hinzufügen, um dem Tee eine leichte Süße zu verleihen. Rühre den Tee erneut gut um, bis der Honig sich aufgelöst hat.
6. Gieße den Tee in eine Tasse und trinke ihn heiß.

Karotten-Ingwer-Saft

Zubereitungszeit: 10 Minuten
Portionen: 1 Person

Zutaten:

- 200 g Karotten, gewaschen und geschält
- 20 g frischer Ingwer, geschält
- Saft von einer halben Bio-Zitrone
- 1 TL Honig, optional
- 500 ml Wasser

Zubereitung:

1. Zuerst schneidest du die Karotten und den Ingwer in kleinere Stücke.
2. Danach gibst du die Karotten-, Ingwerstücke und das Wasser in einen starken Mixer.
3. Nun lässt du den Mixer etwa eine Minute laufen, bis du eine gleichmäßige Flüssigkeit erhältst.
4. Diesen Mix gießt du durch ein feines Sieb in ein sauberes Glas. Dabei kannst du mit einem Löffel leicht auf das Gemüse im Sieb drücken, um den letzten Saft herauszupressen.
5. Nun presst du die Zitrone aus und rührst den Saft unter den Karotten-Ingwer-Saft. Falls du es süßer magst, kannst du noch einen TL Honig hinzufügen.

Anti-Entzündungs-Kokoswasser

Zubereitungszeit: 10 Minuten
Portionen: 1 Person

Zutaten:

- 400 ml frisches Kokoswasser
- 1 EL frisch gepresster Ingwersaft
- Saft einer halben Bio-Zitrone
- 1/2 TL Kurkuma, gemahlen
- Eine Prise frisch gemahlener schwarzer Pfeffer
- 1 EL Chiasamen

Zubereitung:

1. Nimm dir ein großes Glas oder eine Trinkflasche. Gieße das Kokoswasser hinein.

2. Füge den frisch gepressten Ingwersaft hinzu.

3. Presse nun die halbe Zitrone aus und gib den Saft ebenfalls in das Glas.

4. Füge den gemahlenen Kurkuma und die Prise schwarzen Pfeffer hinzu.

5. Zum Schluss kommen die Chiasamen dazu.

6. Verschließe das Glas oder die Flasche und schüttle alles gut durch, bis alle Zutaten gut miteinander vermischt sind.

7. Lass das Getränk für etwa 5 Minuten stehen, damit die Chiasamen quellen können.

Brombeer-Minz-Smoothie

Zubereitungszeit: 10 Minuten
Portionen: 1 Smoothie

Zutaten:

- 150 g Brombeeren, frisch oder gefroren
- 1 reife Banane, geschält und in Scheiben geschnitten
- 15 Minzblätter, frisch und gewaschen
- 200 ml ungesüßte Mandelmilch, kalt
- 2 EL Leinsamen, geschrotet
- 1 TL Kurkuma, gemahlen
- 1 EL Honig, optional

Zubereitung:

1. Zuerst bereitest du die Zutaten vor. Bei Bedarf die Brombeeren waschen und abtropfen lassen. Die Banane schälen und in Scheiben schneiden.

2. Nimm deinen Mixer und füge alle Zutaten hinzu: die Brombeeren, Bananenscheiben, Minzblätter, Mandelmilch, Leinsamen und Kurkuma.

3. Mixe alles auf hoher Stufe, bis der Smoothie cremig und ohne Stückchen ist. Je nach Geschmack und Bedarf kannst du den Smoothie mit etwas Honig süßen.

4. Gieße den Smoothie in ein Glas und genieße ihn sofort, solange er noch kalt und frisch ist.

Zitronen-Ingwer-Tee

Zubereitungszeit: 15 Minuten
Portionen: 1 Person

Zutaten:

- 300 ml Wasser
- 1 Bio-Zitrone, gewaschen und in Scheiben geschnitten
- 1 Stück Ingwer (ca. 20 g), gewaschen und in dünne Scheiben geschnitten
- 1 TL Honig
- 1 Prise frisch gemahlener Kurkuma
- 1 EL frische Minze, gewaschen und grob gehackt

Zubereitung:

1. Bringe das Wasser in einem kleinen Topf zum Kochen.
2. Währenddessen bereite Zitrone und Ingwer vor. Scheide Zitrone und Ingwer in dünne Scheiben.
3. Wenn das Wasser kocht, füge die Zitronen- und Ingwerscheiben hinzu. Reduziere die Hitze und lasse die Mischung etwa 10 Minuten köcheln.
4. Füge den frisch gemahlenen Kurkuma hinzu und rühre um. Lasse die Mischung weitere 2 Minuten köcheln.
5. Schalte die Hitze aus und füge den Honig hinzu. Rühre, bis sich der Honig vollständig aufgelöst hat.
6. Gieße den Tee durch ein Sieb in eine Tasse und füge die frische Minze hinzu. Rühre kurz um und lass den Tee einige Minuten ziehen, bevor du ihn trinkst.

Rote Beete Saft mit Apfel

Zubereitungszeit: 10 Minuten
Portionen: 1 Person

Zutaten:

- 1 kleine Rote Beete, gewaschen und geschält
- 1 mittelgroßer Apfel, gewaschen und entkernt
- 1 kleiner Ingwer (ca. 10 g), geschält
- 1/2 Bio-Zitrone, entsaftet
- 1 EL Chiasamen
- 250 ml Wasser

Zubereitung:

1. Schneide die Rote Beete, den Apfel und den Ingwer in kleine Stücke, die für deinen Entsafter geeignet sind.

2. Gib die Rote Beete, den Apfel und den Ingwer in deinen Entsafter und entsafte sie.

3. Füge den Zitronensaft zum Rote Beete-Saft hinzu und rühre alles gut um.

4. Gib die Chiasamen in ein Glas und gieße 250 ml Wasser darüber. Lasse die Chiasamen für etwa 5 Minuten quellen.

5. Gieße den Saft in das Glas mit den gequollenen Chiasamen.

6. Rühre alles noch einmal gut durch. Fertig!

Avocado-Bananen-Smoothie

Zubereitungszeit: 10 Minuten
Portionen: 1 Smoothie

Zutaten:

- 1 reife Avocado, halbiert und entkernt
- 1 reife Banane, geschält
- 200 ml Mandelmilch, ungesüßt
- 1 EL Chiasamen
- 1 TL Kurkuma, gemahlen
- Eine Prise frisch gemahlenen schwarzen Pfeffer
- 1 TL frisch gepresster Bio-Zitronensaft
- 1 EL Honig, optional

Zubereitung:

1. Entnehme das Fruchtfleisch aus der Avocadohälfte und lege es in den Mixer.
2. Füge die geschälte Banane hinzu.
3. Gieße die Mandelmilch dazu und füge die Chiasamen hinzu.
4. Gib nun Kurkuma, eine Prise schwarzen Pfeffer und den frischen Zitronensaft hinzu.
5. Wenn du magst, süße deinen Smoothie mit einem Esslöffel Honig.
6. Mixe alles auf hoher Stufe, bis du eine glatte, cremige Konsistenz erhältst.
7. Gieße deinen Smoothie in ein großes Glas.

Ananas-Kurkuma-Smoothie

Zubereitungszeit: 10 Minuten
Portionen: 1 Smoothie

Zutaten:

- 200 g frische Ananas, geschält und in Stücke geschnitten
- 1 TL frischer Kurkuma, geschält und gerieben
- 150 ml Kokosmilch, gut geschüttelt
- 1 TL frischer Ingwer, geschält und gerieben
- 1 TL Chiasamen
- 1 EL Honig, optional zur Süße

Zubereitung:

1. Bereite deine Ananas vor. Sie sollte frisch sein und in kleine Stücke geschnitten werden.

2. Kurkuma und Ingwer schälen und fein reiben.

3. Öffne die Kokosmilch und schüttle sie gut, bevor du sie verwendest.

4. Nun ist es Zeit, alles in den Mixer zu geben. Beginne mit der Ananas, füge dann den geriebenen Kurkuma und Ingwer hinzu.

5. Füge die Kokosmilch hinzu, und streue die Chiasamen ein.

6. Wenn du möchtest, kannst du nun noch einen Esslöffel Honig hinzufügen, um deinem Smoothie eine zusätzliche Süße zu verleihen.

7. Nun einfach alles auf hoher Stufe mixen, bis dein Smoothie schön cremig ist. Falls nötig, noch etwas Kokosmilch hinzufügen.

8. Gieße den Smoothie in dein Lieblingsglas.

Vegan und Vegetarisch

Quinoa-Pilz-Risotto

Zubereitungszeit: 30 Minuten
Portionen: 1 Person

Zutaten:

- 60 g Quinoa, gewaschen
- 200 g frische Champignons, in Scheiben geschnitten
- 1/2 Zwiebel, fein gewürfelt
- 1 TL natives Olivenöl extra
- 250 ml Gemüsebrühe
- 2 EL Hefeflocken
- Salz und Pfeffer nach Geschmack
- 1 TL Kurkuma, gemahlen
- 2 EL frischer Petersilie, gehackt

Zubereitung:

1. Erhitze das Olivenöl in einer Pfanne und füge die Zwiebel hinzu. Dünste sie, bis sie glasig ist.

2. Gib die Champignons hinzu und brate sie an, bis sie ihre Feuchtigkeit verloren haben und goldbraun sind.

3. Füge jetzt das Quinoa hinzu und rühre es um, bis es gut mit den Pilzen und Zwiebeln vermischt ist.

4. Nun die Gemüsebrühe hinzufügen. Lass das Ganze köcheln, bis die Brühe fast vollständig absorbiert ist und das Quinoa weich ist. Das dauert etwa 15 Minuten. Achte darauf, gelegentlich umzurühren, damit nichts anbrennt.

5. Gib die Hefeflocken, Kurkuma, Salz und Pfeffer hinzu. Alles gut verrühren, so dass die Gewürze gleichmäßig verteilt sind.

6. Zum Schluss mit der gehackten Petersilie garnieren.

Vegetarische Lasagne mit Spinat und Zucchini

Zubereitungszeit: 45 Minuten
Portionen: 1 Person

Zutaten:

- 1 mittelgroße Zucchini, in dünne Scheiben geschnitten
- 100 g frischer Spinat, gewaschen und grob gehackt
- 2 EL natives Olivenöl extra
- 1 kleine Zwiebel, fein gewürfelt
- 1 Knoblauchzehe, fein gehackt
- 200 ml passierte Tomaten
- 1 TL Oregano
- Salz und Pfeffer nach Geschmack
- 4 Lasagneblätter, gebrauchsfertig
- 50 g Mozzarella, gerieben
- 1 EL gehackte frische Basilikumblätter

Zubereitung:

1. Heize deinen Backofen auf 180 Grad vor.
2. Erhitze 1 EL Olivenöl in einer Pfanne über mittlerer Hitze. Füge die Zwiebel und den Knoblauch hinzu und dünste sie, bis sie weich und leicht goldbraun sind.
3. Füge die passierten Tomaten, den Oregano, Salz und Pfeffer hinzu. Lass die Sauce 10 Minuten köcheln.
4. In einer anderen Pfanne erhitze den restlichen EL Olivenöl. Füge den Spinat und die Zucchinischeiben hinzu und brate sie an, bis sie weich sind.
5. In einer kleinen Auflaufform verteile eine Schicht der Tomatensauce, lege dann ein Lasagneblatt darauf. Füge eine Schicht Spinat und Zucchini hinzu, dann eine weitere Schicht Sauce. Wiederhole diese Schritte, bis alle Zutaten aufgebraucht sind.
6. Bestreue die letzte Schicht mit dem geriebenen Mozzarella und dem gehackten Basilikum.
7. Backe die Lasagne 20-25 Minuten lang, bis der Käse geschmolzen und die Oberfläche goldbraun ist. Lass sie ein paar Minuten abkühlen, bevor du sie servierst.

Vegane Buddha Bowl mit Süßkartoffel

Zubereitungszeit: 30 Minuten
Portionen: 1 Person

Zutaten:

- 1 mittelgroße Süßkartoffel, gewaschen und in Würfel geschnitten
- 2 EL natives Olivenöl extra
- Salz und Pfeffer nach Geschmack
- 50 g Quinoa, gewaschen
- 200 ml Wasser
- 100 g Baby-Spinat, gewaschen
- 1 kleine rote Paprika, gewaschen und in Streifen geschnitten
- 1/2 Avocado, geschält und in Scheiben geschnitten
- 1 EL Kürbiskerne
- **Für das Dressing:**
- 1 EL Bio-Zitronensaft
- 2 EL natives Olivenöl extra
- Salz und Pfeffer nach Geschmack

Zubereitung:

1. Heize deinen Backofen auf 200 Grad vor. Lege die Süßkartoffelwürfel auf ein Backblech, beträufle sie mit einem EL Olivenöl und würze sie mit Salz und Pfeffer. Backe sie für etwa 20 Minuten oder bis sie weich und leicht gebräunt sind.

2. Während die Süßkartoffeln backen, koche das Quinoa. Gib das Quinoa und das Wasser in einen Topf, bringe es zum Kochen und lasse es dann bei niedriger Hitze für etwa 15 Minuten köcheln, bis das Wasser aufgesogen ist und das Quinoa weich ist.

3. Bereite das Dressing vor. Vermische in einer kleinen Schüssel den Zitronensaft, 2 EL Olivenöl, Salz und Pfeffer.

4. Jetzt geht es ans Zusammenstellen der Bowl. Lege zuerst den Baby-Spinat in die Schüssel. Füge dann das gekochte Quinoa hinzu und arrangiere die gerösteten Süßkartoffeln, die Paprikastreifen und die Avocadoscheiben obendrauf. Streue die Kürbiskerne darüber und beträufle alles mit dem Dressing.

Tofu-Stir-Fry

Zubereitungszeit: 20 Minuten
Portionen: 1 Person

Zutaten:

- 200 g Tofu, fest, in Würfeln
- 1 EL Rapsöl
- 150 g Brokkoli, in kleinen Röschen
- 1 rote Paprika, in Streifen geschnitten
- 1 Karotte, in dünne Scheiben geschnitten
- 2 EL Sojasauce
- 1 EL Ahornsirup
- 1 EL Sesamsamen, ungeröstet
- 1 EL Ingwer, frisch gerieben
- 1 Knoblauchzehe, fein gehackt
- 1 TL Kurkuma
- Salz und Pfeffer nach Geschmack

Zubereitung:

1. Erhitze das Rapsöl in einer großen Pfanne bei mittlerer Hitze. Füge den Tofu hinzu und brate ihn rundherum an, bis er eine goldene Kruste bekommt. Nimm den Tofu aus der Pfanne und stelle ihn beiseite.

2. In der gleichen Pfanne brätst du nun den Brokkoli, die Paprika und die Karotte an, bis sie leicht gebräunt und bissfest sind.

3. Füge den Knoblauch und den Ingwer hinzu und dünste alles noch 1 Minute weiter.

4. Jetzt kommen der Tofu, Sojasauce, Ahornsirup und Kurkuma in die Pfanne. Rühre alles gut durch, damit die Soße alle Zutaten bedeckt. Schmecke das Ganze mit Salz und Pfeffer ab.

5. Zum Schluss streust du die Sesamsamen darüber und lässt das Gericht noch 1 Minute weiterköcheln, bis die Sesamsamen leicht geröstet sind. Guten Appetit!

Vegetarische Gemüsepaella mit Quinoa

Zubereitungszeit: 30 Minuten
Portionen: 1 Person

Zutaten:

- 100 g Quinoa, gut gespült
- 200 ml Gemüsebrühe
- 1 TL natives Olivenöl extra
- 1 kleine Zwiebel, gewürfelt
- 1 Knoblauchzehe, fein gehackt
- 1 kleine rote Paprika, gewürfelt
- 50 g grüne Bohnen, geputzt und halbiert
- 50 g Erbsen, frisch oder gefroren
- 1 mittelgroße Tomate, gewürfelt
- 1/4 TL Safranfäden, eingeweicht in 2 EL warmem Wasser
- Salz und Pfeffer nach Geschmack
- Eine Handvoll Petersilie, gehackt

Zubereitung:

1. In einem Topf die Gemüsebrühe zum Kochen bringen, Quinoa hinzufügen und nach Packungsanleitung kochen. Beiseite stellen.

2. In einer Pfanne das Olivenöl erhitzen und die Zwiebel und den Knoblauch anbraten, bis sie glasig sind.

3. Füge die Paprika und die Bohnen hinzu, brate sie für einige Minuten an, bis sie leicht gebräunt und knusprig sind.

4. Nun kommen die Erbsen und die Tomate in die Pfanne. Alles gut durchmischen und für weitere 2 Minuten köcheln lassen.

5. Die Quinoa und die Safranfäden samt Wasser hinzufügen, gut umrühren, damit sich die Aromen vermischen. Mit Salz und Pfeffer abschmecken.

6. Die Hitze reduzieren und alles 10 Minuten lang köcheln lassen, bis die Flüssigkeit aufgesogen ist.

7. Vor dem Servieren mit frischer Petersilie bestreuen.

Linsen-Bolognese mit Zucchini-Nudeln

Zubereitungszeit: 30 Minuten
Portionen: 1 Person

Zutaten:

- 1 Zucchini, in lange Streifen geschnitten (als Nudeln)
- 50 g grüne Linsen, bereits gekocht
- 200 ml gehackte Tomaten aus der Dose
- 1 kleine rote Zwiebel, fein gewürfelt
- 1 Knoblauchzehe, fein gehackt
- 1/2 rote Paprika, fein gewürfelt
- 1 TL natives Olivenöl extra
- Salz und Pfeffer nach Geschmack
- 1/4 TL Kurkuma
- 1/4 TL Ingwer, gemahlen
- 1/4 TL Kreuzkümmel
- Frische Basilikumblätter zur Dekoration

Zubereitung:

1. Die Zwiebel und den Knoblauch im Olivenöl in einer Pfanne anbraten, bis sie weich und goldbraun sind.
2. Die Paprika hinzufügen und weiterbraten, bis sie weich ist.
3. Nun die Linsen und die gehackten Tomaten hinzufügen. Alles gut umrühren.
4. Mit Salz, Pfeffer, Kurkuma, Ingwer und Kreuzkümmel würzen. Alles gut vermischen und auf kleiner Flamme köcheln lassen, bis die Sauce eingedickt ist.
5. Während die Sauce köchelt, die Zucchinistreifen in einer zweiten Pfanne ohne Öl anbraten, bis sie weich sind.
6. Die Zucchininudeln auf einem Teller anrichten und die Linsen-Bolognese darüber geben. Mit frischen Basilikumblättern dekorieren und sofort servieren.

Vegetarisches Chili mit Süßkartoffel

Zubereitungszeit: 30 Minuten
Portionen: 1 Person

Zutaten:

- 1 mittelgroße Süßkartoffel, geschält und in Würfel geschnitten
- 100 g gemischte Bohnen (schwarze Bohnen, Kidneybohnen), gewaschen und abgetropft
- 200 g gehackte Tomaten aus der Dose
- 1 kleine Zwiebel, gewürfelt
- 1 EL natives Olivenöl extra
- 1 TL Chili-Pulver
- 1/2 TL Kreuzkümmel
- 1/2 TL Knoblauchpulver
- 1/2 TL Paprika
- Salz und Pfeffer nach Geschmack
- 50 ml Wasser
- Frischer Koriander zur Dekoration, grob gehackt

Zubereitung:

1. Erhitze das Olivenöl in einer mittelgroßen Pfanne über mittlerer Hitze. Gib die gewürfelte Zwiebel dazu und dünste sie, bis sie weich und durchsichtig wird.

2. Füge die Süßkartoffelwürfel hinzu und brate sie unter Rühren etwa 5 Minuten mit an, bis sie an den Kanten leicht gebräunt sind.

3. Gib das Chili-Pulver, den Kreuzkümmel, das Knoblauchpulver und die Paprika hinzu. Vermische alles gut miteinander, so dass die Gewürze die Süßkartoffeln und Zwiebeln vollständig überziehen.

4. Füge die gehackten Tomaten, die gemischten Bohnen und das Wasser hinzu. Rühre alles gut durch, reduziere die Hitze auf niedrig und lass das Ganze 15 Minuten köcheln, bis die Süßkartoffeln weich sind und die Flüssigkeit reduziert ist.

5. Würze dein Chili mit Salz und Pfeffer nach Geschmack. Serviere es mit einer Handvoll frischem Koriander obendrauf.

Gebratene Aubergine mit Tomaten-Salsa

Zubereitungszeit: 30 Minuten
Portionen: 1 Person

Zutaten:

- 1 mittelgroße Aubergine, in Scheiben geschnitten
- 200 g frische Tomaten, gewürfelt
- 1 rote Zwiebel, fein gehackt
- 1 Knoblauchzehe, fein gehackt
- 2 EL natives Olivenöl extra
- 1 EL frischer Bio-Zitronensaft
- 1 EL frisch gehackter Koriander
- 1 TL Kreuzkümmel
- Salz und Pfeffer nach Geschmack

Zubereitung:

1. Heize eine Pfanne bei mittlerer Hitze vor. Gib 1 EL Olivenöl hinzu und lass es heiß werden.

2. Lege die Auberginenscheiben in die Pfanne und brate sie, bis sie auf beiden Seiten goldbraun sind. Das dauert etwa 3-4 Minuten pro Seite. Nimm sie dann aus der Pfanne und lege sie auf einen Teller.

3. In derselben Pfanne füge noch einen EL Olivenöl hinzu und gib die gehackte Zwiebel und den Knoblauch hinein. Lass sie etwa 5 Minuten dünsten, bis sie weich sind.

4. Füge die gewürfelten Tomaten, den Zitronensaft und den Kreuzkümmel hinzu. Lass die Mischung etwa 10 Minuten köcheln, bis die Tomaten weich sind.

5. Nimm die Pfanne vom Herd und rühre den gehackten Koriander ein. Schmecke die Salsa mit Salz und Pfeffer ab.

6. Serviere die gebratenen Auberginenscheiben mit der Tomaten-Salsa darüber.

Vegane Curry-Linsensuppe

Zubereitungszeit: 30 Minuten
Portionen: 1 Person

Zutaten:

- 50 g grüne Linsen, trocken
- 250 ml Gemüsebrühe
- 1 kleine Karotte, gewürfelt
- 1 kleine Zwiebel, gewürfelt
- 1 Knoblauchzehe, fein gehackt
- 1 EL natives Olivenöl extra
- 1 TL Currypulver
- 1 TL Kurkuma
- 1/2 TL Cayennepfeffer
- Salz und Pfeffer nach Geschmack
- 1 EL frisch gehackter Koriander
- 1 EL Bio-Zitronensaft
- 1 EL gehackte Cashewnüsse, als Topping

Zubereitung:

1. Erhitze das Olivenöl in einem Topf. Füge die gewürfelte Zwiebel und Karotte hinzu und dünste sie, bis sie weich sind.

2. Gib den gehackten Knoblauch, das Currypulver, Kurkuma und Cayennepfeffer dazu und brate alles zusammen für etwa eine Minute.

3. Nun kommen die grünen Linsen dazu. Rühre sie gut unter das Gemüse und die Gewürze, sodass sie mit dem würzigen Öl bedeckt sind.

4. Gieße die Gemüsebrühe hinzu und lasse die Suppe etwa 20 Minuten köcheln, bis die Linsen weich sind.

5. Würze die Suppe mit Salz, Pfeffer und Zitronensaft nach Geschmack. Rühre den frisch gehackten Koriander unter.

6. Serviere deine Suppe in einer Schale und bestreue sie mit den gehackten Cashewnüssen als knackiges Topping.

Süßkartoffel-Gnocchi mit Salbeibutter

Zubereitungszeit: 50 Minuten
Portionen: 1 Person

Zutaten:

- 150 g Süßkartoffel, geschält und in Würfel geschnitten
- 75 g Vollkornmehl
- 1 TL natives Olivenöl extra
- Eine Prise Meersalz
- 15 g frischer Salbei
- 1 EL Butter
- Schwarzer Pfeffer, frisch gemahlen

Zubereitung:

1. Koch die Süßkartoffelwürfel in einem Topf mit kochendem Wasser, bis sie weich sind (ungefähr 15 Minuten). Lass sie abtropfen und abkühlen.

2. Sobald die Süßkartoffelwürfel abgekühlt sind, zerdrück sie in einer Schüssel und füge das Vollkornmehl, Olivenöl und eine Prise Meersalz hinzu. Knete den Teig, bis er weich und formbar ist.

3. Forme kleine Gnocchi aus dem Teig und lege sie beiseite.

4. In einer Pfanne erhitze die Butter und füge den frischen Salbei hinzu. Lass das Ganze auf mittlerer Stufe schmoren, bis der Salbei knusprig ist.

5. In der gleichen Pfanne gib die Gnocchi hinzu und brate sie, bis sie goldbraun sind.

6. Zum Schluss die Gnocchi mit der Salbeibutter übergießen und mit frisch gemahlenem schwarzen Pfeffer würzen. Guten Appetit!

Desserts

Avocado-Schokoladen-Mousse

Zubereitungszeit: 15 Minuten
Portionen: 1 Person

Zutaten:

- 1 reife Avocado, halbiert und entkernt
- 20 g dunkle Schokolade (über 70% Kakao), geschmolzen
- 1 EL Kakaopulver
- 1 EL Ahornsirup
- 1 TL Vanilleextrakt
- Eine Prise Meersalz
- 50 ml Mandelmilch, ungesüßt

Zubereitung:

1. Schnapp dir die halbierte Avocado und entferne vorsichtig den Kern. Mit einem Löffel das Fruchtfleisch aus der Schale in den Mixer geben.

2. Gib die geschmolzene dunkle Schokolade hinzu. Achte darauf, dass sie nicht zu heiß ist, sonst könnte sie das Avocado-Fruchtfleisch zum Kochen bringen.

3. Füge das Kakaopulver, den Ahornsirup und das Vanilleextrakt hinzu. Eine Prise Meersalz bringt die Schokoladenaromen zum Singen.

4. Gieße die Mandelmilch hinein. Anfangs vielleicht nicht die ganze Menge verwenden, denn du kannst später immer noch mehr hinzufügen, um die gewünschte Konsistenz zu erreichen.

5. Jetzt kommt der Spaß! Schalte den Mixer auf hohe Stufe und mixe die Zutaten, bis sie glatt und cremig sind.

6. Teste das Mousse und füge bei Bedarf mehr Ahornsirup oder Mandelmilch hinzu.

7. Wenn du zufrieden bist, gib das Mousse in deine Lieblingsschale und stelle es für etwa eine Stunde in den Kühlschrank, damit es fest wird.

Bananen-Eis mit Beeren

Zubereitungszeit: 10 Minuten
Portionen: 1 Person

Zutaten:

- 1 reife Banane, in Scheiben geschnitten und gefroren
- 100 g gemischte Beeren (Erdbeeren, Himbeeren, Blaubeeren), gewaschen und gefroren
- 30 ml Mandelmilch, ungezuckert

- 1 TL Chiasamen
- 1 TL Honig, optional
- 1 EL gehackte Nüsse (Mandeln, Walnüsse), nach Belieben
- Frische Minze, optional

Zubereitung:

1. Nimm deine gefrorenen Bananenscheiben und Beeren aus dem Gefrierschrank und lass sie ein paar Minuten bei Raumtemperatur liegen.

2. Gib die Bananenscheiben, Beeren und Mandelmilch in einen Mixer. Mixe alles bis eine cremige, eisähnliche Konsistenz entsteht.

3. Füge die Chiasamen hinzu und mixe nochmals kurz, bis alles gut vermischt ist. Wenn du magst, kannst du jetzt den Honig hinzufügen und noch einmal kurz mixen.

4. Gib das Bananeneis in eine Schale und bestreue es mit den gehackten Nüssen. Garniere das Eis mit ein paar frischen Minzblättern.

Chia-Pudding

Zubereitungszeit: 15 Minuten
Portionen: 1 Person

Zutaten:

- 3 EL Chia-Samen
- 200 ml Kokosmilch
- 1 TL Honig
- 1/2 reife Mango, geschält und in Würfel geschnitten
- 1 TL Bio-Zitronensaft
- Eine Prise Salz
- 1 EL Kokosflocken, zum Garnieren
- Einige Minzblätter, zum Garnieren

Zubereitung:

1. Gib die Chia-Samen in eine Schüssel und stelle sie beiseite.

2. In einer anderen Schüssel vermischt du die Kokosmilch, den Honig und die Prise Salz. Rühre gut um, bis sich der Honig vollständig aufgelöst hat.

3. Gieße die Kokosmilch-Mischung über die Chia-Samen. Rühre alles gut um, sodass alle Samen mit der Flüssigkeit in Kontakt kommen.

4. Lass die Mischung für etwa 15 Minuten stehen, rühre sie gelegentlich um. Die Chia-Samen sollten beginnen, die Flüssigkeit aufzunehmen und zu quellen.

5. Während die Chia-Samen quellen, bereite die Mango vor. Schäle die Mango und schneide sie in Würfel. Gib die Mango-Würfel in eine Schüssel und beträufle sie mit Zitronensaft. Rühre um, damit sich der Zitronensaft gut verteilt.

6. Nachdem die Chia-Samen gequollen sind, verrühre die Mischung erneut. Bedecke die Schüssel und stelle sie für mindestens 2 Stunden oder über Nacht in den Kühlschrank.

7. Wenn du bereit bist, deinen Chia-Pudding zu essen, nimm die Schüssel aus dem Kühlschrank. Gib die Mango-Würfel über den Chia-Pudding, streue die Kokosflocken darüber und garniere es mit ein paar Minzblättern.

Haferflocken-Cookies

Zubereitungszeit: 20 Minuten
Portionen: 8 Cookies

Zutaten:

- 60 g Vollkorn-Haferflocken
- 30 g gemahlene Mandeln
- 1 reife Banane, zerdrückt
- 1 EL Chiasamen
- 2 EL Honig
- 2 EL Kokosöl, geschmolzen
- 30 g Walnüsse, grob gehackt
- 1/2 TL Backpulver
- 1 Prise Salz
- 1/2 TL Zimt

Zubereitung:

1. Heize den Ofen auf 180 Grad vor und lege ein Backblech mit Backpapier aus.

2. In einer Schüssel vermischst du die Haferflocken, die gemahlenen Mandeln, das Backpulver, den Zimt und das Salz.

3. Füge die zerdrückte Banane, Honig und das geschmolzene Kokosöl hinzu und rühre alles gut durch.

4. Streue die Chiasamen und gehackten Walnüsse dazu und verrühre die Mischung erneut gründlich.

5. Forme mit deinen Händen 8 kleine Cookies aus der Masse und lege sie auf das vorbereitete Backblech.

6. Backe die Cookies im Ofen für 10-12 Minuten, bis sie goldbraun und knusprig sind.

7. Lass sie nun ein paar Minuten auf dem Backblech abkühlen. Guten Appetit!

Beeren-Joghurt mit Honig und Nüssen

Zubereitungszeit: 15 Minuten
Portionen: 1 Person

Zutaten:

- 150 g gemischte Beeren, gewaschen und getrocknet
- 200 g Naturjoghurt
- 1 EL Honig
- 30 g Walnüsse, gehackt und geröstet
- 1 TL Leinsamen, gemahlen
- Eine Prise Zimt, optional

Zubereitung:

1. Lege die Hälfte der Beeren in eine Schale.
2. Gib den Joghurt darüber und rühre ihn leicht unter, um eine marmor-ähnliche Optik zu bekommen.
3. Streue die Walnüsse, die Leinsamen und die restlichen Beeren über den Joghurt.
4. Beträufle alles mit Honig und streue, falls gewünscht, eine Prise Zimt darüber.

Schokoladen-Muffins mit Zucchini

Zubereitungszeit: 35 Minuten
Portionen: 6 Muffins

Zutaten:

- 120 g Vollkornmehl
- 30 g ungesüßtes Kakaopulver
- 1 TL Backpulver
- 1/4 TL Salz
- 60 ml natives Olivenöl extra
- 50 g Kokosblütenzucker
- 1 Bio-Ei
- 1 mittelgroße Zucchini, geraspelt (etwa 125 g)
- 60 g dunkle Schokolade, gehackt
- 1 EL Mandelsplitter

Zubereitung:

1. Heize den Ofen auf 180 Grad vor und bereite ein Muffinblech mit 6 Papierförmchen vor.

2. Mische in einer großen Schüssel das Vollkornmehl, Kakaopulver, Backpulver und Salz.

3. Schlage in einer anderen Schüssel das Olivenöl, Kokosblütenzucker und das Ei kräftig auf, bis alles gut vermischt ist.

4. Gib die geraspelte Zucchini in die Schüssel mit der Ölmischung und rühre sie vorsichtig unter.

5. Füge nun die trockenen Zutaten zu der feuchten Mischung hinzu und vermische alles sorgfältig, bis gerade so ein Teig entsteht.

6. Verteile den Teig gleichmäßig auf die 6 Förmchen im Muffinblech.

7. Streue die gehackte Schokolade und die Mandelsplitter gleichmäßig auf die Teigoberflächen.

8. Backe die Muffins im vorgeheizten Ofen für etwa 20 Minuten, oder bis ein Zahnstocher, den du in die Mitte eines Muffins steckst, sauber herauskommt.

9. Lass die Muffins einige Minuten im Blech abkühlen, bevor du sie herausnimmst.

Granatapfel-Panna Cotta

Zubereitungszeit: 25 Minuten
Portionen: 1 Person

Zutaten:

- 1 Granatapfel, entkernt und gepresst, Saft aufgefangen (ergibt etwa 125 ml Saft)
- 1 Blatt Gelatine
- 200 ml Kokosmilch
- 1 EL Honig
- 1 Prise Salz
- 1 TL Vanilleextrakt
- 1 EL frisch geriebene Bio-Zitronenschale
- Eine Handvoll frische Minzblätter zur Dekoration

Zubereitung:

1. Weiche das Gelatineblatt in kaltem Wasser für etwa 5 Minuten ein.
2. In der Zwischenzeit erhitze die Kokosmilch, den Honig und das Salz in einem kleinen Topf auf mittlerer Flamme. Rühre stetig um, bis sich der Honig vollständig aufgelöst hat.
3. Nimm den Topf vom Herd und füge den Vanilleextrakt hinzu. Drücke das überschüssige Wasser aus der Gelatine und löse sie in der warmen Kokosmilch auf.
4. In einem Glas mische den Granatapfelsaft mit der Zitronenschale. Gieße die Kokosmilch-Gelatine-Mischung dazu und verrühre alles gut miteinander.
5. Gieße die Mischung in eine Dessertschale und stelle sie für mindestens 2 Stunden in den Kühlschrank, bis sie fest geworden ist.
6. Vor dem Servieren garniere die Panna Cotta mit frischen Minzblättern.

Apfel-Zimt-Haferflocken

Zubereitungszeit: 15 Minuten
Portionen: 1 Person

Zutaten:

- 50 g Haferflocken
- 200 ml Wasser
- 1 mittelgroßer Apfel, gewaschen und gewürfelt
- 1/2 TL Zimt
- 1 TL Honig
- 1 EL gehackte Walnüsse
- 1 EL Leinsamen

Zubereitung:

1. In einem kleinen Topf das Wasser zum Kochen bringen.
2. Füge die Haferflocken hinzu und lass sie bei mittlerer Hitze 5 Minuten köcheln, bis sie weich und cremig sind.
3. Währenddessen den Apfel in kleine Würfel schneiden.
4. Gib die Apfelstücke, den Zimt und den Honig in den Topf mit den Haferflocken und koche das Ganze weitere 2 Minuten.
5. In der Zwischenzeit die Walnüsse grob hacken.
6. Nimm den Topf vom Herd, rühre die Walnüsse und die Leinsamen unter. Fertig!

Kokosmilch-Eiscreme mit Beeren

Zubereitungszeit: 15 Minuten
Portionen: 1 Person

Zutaten:

- 200 ml Kokosmilch, gut geschüttelt
- 50 g gemischte Beeren (Himbeeren, Blaubeeren, Erdbeeren), frisch und gewaschen
- 2 EL Honig
- 1 TL Vanilleextrakt
- 1 EL Chiasamen

Zubereitung:

1. Vermische in einem Mixer die Kokosmilch, Beeren, Honig und Vanilleextrakt bis alles schön glatt ist.

2. Gib die Mischung in eine Schüssel und rühre die Chiasamen ein.

3. Lass das Ganze für mindestens 10 Minuten stehen, damit die Chiasamen quellen können und die Mischung eindickt.

4. Schütte die Mischung in eine gefriergeeignete Dose und stelle sie für mindestens 2 Stunden in den Gefrierschrank, bis sie fest ist.

5. Lass das Eis vor dem Servieren für 5-10 Minuten bei Raumtemperatur stehen, damit es sich leichter portionieren lässt.

Heidelbeer-Bananen-Brot

Zubereitungszeit: 1 Stunde 10 Minuten
Portionen: 1 Brot

Zutaten:

- 2 reife Bananen, geschält und zerdrückt
- 100 g frische Heidelbeeren
- 200 g Vollkornmehl
- 50 g Mandelmehl
- 2 EL Chiasamen
- 1 EL Leinsamen, gemahlen
- 50 ml Mandelmilch, ungezuckert
- 2 TL Backpulver
- 1 TL Zimt
- 1 TL Vanilleextrakt
- 2 EL Kokosöl, geschmolzen
- 2 EL Honig

Zubereitung:

1. Heize den Ofen auf 180 Grad vor und lege eine kleine Brotform mit Backpapier aus.

2. In einer großen Schüssel vermischt du das Vollkorn- und Mandelmehl mit den Chiasamen, Leinsamen, Backpulver und Zimt.

3. In einer separaten Schüssel zerdrückst du die Bananen mit einer Gabel, bis sie schön cremig sind. Füge das Kokosöl, den Honig, die Mandelmilch und das Vanilleextrakt hinzu und rühre alles gut durch.

4. Vermische nun die trockenen Zutaten mit den feuchten und rühre, bis alles gut vermischt ist. Vorsicht, nicht zu lange rühren, damit das Brot nicht zäh wird!

5. Füge die Heidelbeeren hinzu und rühre sie vorsichtig unter den Teig.

6. Gieße den Teig in die vorbereitete Brotform und glätte die Oberfläche mit einem Löffel.

7. Backe das Brot für etwa 50-60 Minuten im Ofen, oder bis ein in die Mitte eingestochener Zahnstocher sauber herauskommt.

8. Lasse das Brot in der Form abkühlen, bevor du es aus der Form nimmst und in Scheiben schneidest.

Glutenfrei

Bananen-Pfannkuchen

Zubereitungszeit: 15 Minuten
Portionen: ca. 2 Pfannkuchen

Zutaten:

- 1 reife Banane, geschält und in Scheiben geschnitten
- 2 Bio-Eier, verquirlt
- 50 g Mandelmehl
- 1 TL Kokosöl zum Braten
- 1 Prise Salz
- 1 TL Zimt

Zubereitung:

1. Verquirle die Eier in einer Schüssel.
2. Füge die Bananenscheiben hinzu und zermatsche sie mit einer Gabel.
3. Nun kommt das Mandelmehl, Salz und Zimt hinzu. Rühre alles gut um, bis eine homogene Masse entsteht.
4. Erhitze das Kokosöl in einer Pfanne auf mittlerer Stufe.
5. Gib die Hälfte des Teiges in die Pfanne und brate den Pfannkuchen, bis er an den Rändern goldbraun wird.
6. Drehe den Pfannkuchen vorsichtig um und brate ihn auf der anderen Seite fertig.
7. Wiederhole den Vorgang mit dem restlichen Teig.
8. Serviere die Bananen-Pfannkuchen warm.

Quinoa-Pizza mit Spinat und Feta

Zubereitungszeit: 35 Minuten
Portionen: 1 Pizza

Zutaten:

- 100 g Quinoa, gewaschen und über Nacht eingeweicht
- 1 EL natives Olivenöl extra
- 1 TL Oregano
- 1/2 TL Salz und Pfeffer
- 50 g frischer Spinat, gewaschen und grob gehackt
- 40 g Feta, zerbröselt
- 50 ml passierte Tomaten
- 1 Knoblauchzehe, fein gehackt
- 1/4 rote Zwiebel, dünn geschnitten
- 10 Kirschtomaten, halbiert

Zubereitung:

1. Heize den Ofen auf 200 Grad vor. Lege ein Backblech mit Backpapier aus und stelle es beiseite.

2. Gib die eingeweichte Quinoa in einen Mixer oder eine Küchenmaschine und mixe sie zusammen mit Salz, Pfeffer und Oregano bis eine homogene Masse entsteht.

3. Verteile die Quinoa-Masse gleichmäßig auf dem Backblech und forme einen dünnen Boden. Drücke mit den Händen die Ränder etwas hoch, um einen kleinen Rand zu formen. Backe die Quinoa-Pizza im vorgeheizten Ofen etwa 15 Minuten, bis sie knusprig und goldbraun ist.

4. Während die Pizza backt, erhitze das Olivenöl in einer Pfanne über mittlerer Hitze. Füge den gehackten Knoblauch und die Zwiebel hinzu und brate sie an, bis sie weich sind.

5. Füge den Spinat hinzu und lass ihn zusammenfallen. Schalte die Hitze aus und stelle die Pfanne beiseite.

6. Nimm die Pizza aus dem Ofen und bestreiche den Boden gleichmäßig mit den passierten Tomaten. Verteile anschließend den Spinat, die halbierten Kirschtomaten und den zerbröselten Feta darüber.

7. Gib die Pizza erneut in den Ofen und backe sie weitere 10 Minuten, bis der Feta leicht geschmolzen ist.

8. Die Pizza ein paar Minuten abkühlen lassen, bevor du sie in Stücke schneidest.

Brötchen mit Kürbiskernen

Zubereitungszeit: 45 Minuten
Portionen: 1 Brötchen

Zutaten:

- 60 g glutenfreies Mehl
- 20 g Kürbiskerne, unverarbeitet
- 1 TL Trockenhefe
- 1/2 TL Salz
- 1 EL natives Olivenöl extra
- 75 ml warmes Wasser
- 1 EL Honig, optional

Zubereitung:

1. Verrühre zuerst das Mehl, Salz und die Trockenhefe in einer Schüssel.

2. Gib nun das Olivenöl hinzu und vermische alles gut.

3. Füge dann das warme Wasser langsam hinzu und rühre weiter, bis sich ein geschmeidiger Teig bildet.

4. Decke die Schüssel mit einem sauberen Tuch ab und lasse den Teig an einem warmen Ort für etwa 15 Minuten ruhen.

5. Währenddessen röste die Kürbiskerne in einer trockenen Pfanne, bis sie leicht gebräunt sind.

6. Wenn der Teig aufgegangen ist, forme ein Brötchen daraus und drücke vorsichtig die Kürbiskerne in die Oberfläche ein.

7. Heize den Backofen auf 180 Grad vor und backe dein Brötchen für etwa 25 Minuten, bis es goldbraun ist. Optional kannst du es vor dem Backen mit etwas Honig bestreichen für eine leichte Süße.

8. Lass dein frisch gebackenes Brötchen nun ein paar Minuten abkühlen.

Süßkartoffel-Brownies

Zubereitungszeit: 40 Minuten
Portionen: ca. 4 Brownies

Zutaten:

- 150 g Süßkartoffel, geschält und gewürfelt
- 40 g Mandelmehl
- 20 g Kakaopulver
- 40 ml Ahornsirup
- 20 g Kokosöl, geschmolzen
- 5 g Vanilleextrakt
- Eine Prise Salz
- 5 g Backpulver
- 30 g dunkle Schokolade (min. 70% Kakao), grob gehackt

Zubereitung:

1. Heize den Backofen auf 180 Grad vor.

2. Koche die Süßkartoffelwürfel in einem kleinen Topf mit Wasser, bis sie weich sind. Das sollte etwa 10 Minuten dauern.

3. Gib die weichen Süßkartoffelwürfel in eine Schüssel und zerdrücke sie mit einer Gabel zu einem Brei.

4. Füge nun das Mandelmehl, Kakaopulver, Ahornsirup, geschmolzenes Kokosöl, Vanilleextrakt, Salz und Backpulver hinzu. Rühre alles gut durch, bis eine homogene Masse entsteht.

5. Hebe die gehackte Schokolade unter und verteile den Teig in eine kleine, mit Backpapier ausgelegte, Backform.

6. Backe die Brownies für etwa 20 Minuten im vorgeheizten Ofen. Lasse sie danach kurz abkühlen, bevor du sie aus der Form löst.

Granola mit Nüssen und Samen

Zubereitungszeit: 25 Minuten
Portionen: 1 Person

Zutaten:

- 50 g Mandeln, grob gehackt
- 30 g Walnüsse, grob gehackt
- 50 g glutenfreie Haferflocken
- 2 EL Chiasamen
- 2 EL Leinsamen
- 1 EL natives Olivenöl extra
- 2 EL Honig
- 1 TL Zimt
- 1 Prise Salz

Zubereitung:

1. Heize deinen Backofen auf 160 Grad vor.

2. In einer mittelgroßen Schüssel vermischst du die Haferflocken, Mandeln, Walnüsse, Chiasamen und Leinsamen.

3. In einer kleinen Schüssel mischst du das Olivenöl, den Honig, den Zimt und das Salz.

4. Gib diese Mischung zu den trockenen Zutaten und vermische alles gut miteinander, sodass die trockenen Zutaten gut von der Honig-Mischung ummantelt sind.

5. Verteile die Mischung gleichmäßig auf einem mit Backpapier ausgelegten Backblech.

6. Backe das Granola für ca. 15-20 Minuten oder bis es goldbraun ist. Wende es nach der Hälfte der Zeit, um ein gleichmäßiges Backen zu gewährleisten.

7. Nimm das Granola aus dem Ofen und lass es vollständig abkühlen. Es wird dabei noch knuspriger.

8. Bewahre das Granola in einem luftdichten Behälter auf. Es hält sich mehrere Wochen.

Zucchini-Muffins

Zubereitungszeit: 35 Minuten
Portionen: ca. 4 Muffins

Zutaten:

- 100 g Zucchini, geraspelt und Wasser leicht ausgepresst
- 60 g Buchweizenmehl
- 1 Bio-Ei
- 2 EL natives Olivenöl extra
- 1 TL Backpulver
- 1 Prise Salz
- 1 TL Honig
- 1 TL frisch geriebene Kurkuma
- 2 EL gehackte Walnüsse

Zubereitung:

1. Den Backofen auf 180 Grad vorheizen.

2. In einer Schüssel das Buchweizenmehl, das Backpulver und das Salz mischen.

3. In einer anderen Schüssel das Ei verquirlen. Den Honig und das Olivenöl hinzufügen und gut verrühren.

4. Die Eimischung zu den trockenen Zutaten geben und gut vermischen.

5. Die geriebene Zucchini, die geriebene Kurkuma und die gehackten Walnüsse hinzufügen. Alles gut vermischen.

6. Die Muffinförmchen mit der Mischung füllen und im vorgeheizten Backofen ca. 20-25 Minuten backen, bis sie goldbraun sind und ein Zahnstocher sauber herauskommt.

7. Aus dem Ofen nehmen und abkühlen lassen.

Apfelkuchen mit Mandeln

Zubereitungszeit: 45 Minuten
Portionen: 1 kleiner Kuchen

Zutaten:

- 1 großer Apfel, geschält und gewürfelt
- 50 g gemahlene Mandeln
- 30 ml Ahornsirup
- 20 g Chiasamen
- 1 TL Zimt
- 1 Prise Salz
- 30 g Kokosmehl
- 1/2 TL Backpulver
- 50 ml Mandelmilch, ungesüßt

Zubereitung:

1. Heize deinen Ofen auf 180 Grad vor. In der Zwischenzeit, mische die Chiasamen mit 50 ml Wasser in einer kleinen Schüssel und lasse sie 5 Minuten quellen.

2. In einer anderen Schüssel vermische die gemahlenen Mandeln, Kokosmehl, Backpulver und Salz. Gib dann Ahornsirup und Mandelmilch dazu und rühre alles gut um.

3. Füge nun die gequollenen Chiasamen zur Mischung hinzu und rühre wieder gut durch. Zuletzt kommen die Apfelstückchen und der Zimt dazu.

4. Gib den Teig in eine kleine, mit Backpapier ausgelegte Backform. Drücke den Teig gleichmäßig hinein.

5. Backe den Kuchen für etwa 30 Minuten, oder bis er fest ist und schön gebräunt aussieht.

6. Lasse den Kuchen einige Minuten abkühlen, bevor du ihn aus der Form nimmst. Schneide ihn in Stücke und serviere ihn warm oder kalt, ganz nach Belieben.

Haferkekse mit Beeren

Zubereitungszeit: 30 Minuten
Portionen: 6 Kekse

Zutaten:

- 100 g glutenfreie Haferflocken, trocken
- 30 g gemahlene Mandeln
- 1 EL Leinsamen, geschrotet
- 2 EL natives Olivenöl extra
- 2 EL Honig

- 1 TL Zimt, gemahlen
- 50 g Beeren (Himbeeren,
  Blaubeeren oder Erdbee-
  ren), frisch und gewaschen
- 1 Prise Salz

Zubereitung:

1. Heize deinen Backofen auf 180 Grad vor.
2. In einer mittelgroßen Schüssel die Haferflocken, gemahlene Mandeln, Leinsamen und Zimt vermischen.
3. Gib Olivenöl und Honig dazu und rühre alles gut um, bis alle trockenen Zutaten feucht sind.
4. Füge die Beeren hinzu und mische sie vorsichtig unter die Haferflockenmischung.
5. Mit deinen Händen formst du 6 Kekse und legst diese auf ein mit Backpapier ausgelegtes Backblech.
6. Backe die Kekse für etwa 15 Minuten oder bis sie goldbraun sind.
7. Warte einige Minuten, bis die Kekse abgekühlt sind, bevor du sie probierst.

Müsliriegel mit Nüssen und Trockenfrüchten

Zubereitungszeit: 30 Minuten
Portionen: ca. 6 Riegel

Zutaten:

- 80 g Haferflocken, glutenfrei
- 30 g Mandeln, ungeschält und grob gehackt
- 20 g Walnüsse, grob gehackt
- 50 g getrocknete Datteln, entsteint und fein gehackt
- 2 EL Honig
- 1 TL Zimt, gemahlen
- 1 EL Chia-Samen
- 80 ml Wasser

Zubereitung:

1. Heize den Backofen auf 180 Grad vor. Lege eine Backform (etwa 20 x 20 cm) mit Backpapier aus.
2. Gib die Haferflocken, Mandeln und Walnüsse auf ein Backblech und röste sie im Ofen für etwa 10 Minuten, bis sie leicht gebräunt sind. Achte darauf, dass sie nicht verbrennen.
3. Währenddessen bereite die Datteln vor. Gib sie in eine Schüssel und übergieße sie mit kochendem Wasser. Lass sie 5 Minuten einweichen.
4. Nach dem Einweichen gieße das Wasser ab und zerkleinere die Datteln mit einer Gabel zu einer Art Paste.
5. Nimm die gerösteten Haferflocken und Nüsse aus dem Ofen und gib sie in eine große Schüssel. Füge die Dattelpaste, Honig, Zimt und Chia-Samen hinzu.
6. Mische alles gut durch und füge langsam das Wasser hinzu, bis die Mischung gut zusammenhält.
7. Lege die Mischung in die vorbereitete Backform und drücke sie mit der Rückseite eines Löffels fest.
8. Backe die Mischung für etwa 15 Minuten, bis sie fest ist und eine goldbraune Farbe hat.
9. Warte, bis die Mischung vollständig abgekühlt ist, bevor du sie in Riegel schneidest.

Kokos-Pfannkuchen

Zubereitungszeit: 15 Minuten
Portionen: ca. 4 Pfannkuchen

Zutaten:

- 50 g Kokosmehl
- 1 Bio-Ei
- 120 ml ungesüßte Mandelmilch
- 1 TL Backpulver
- 1 EL Kokosöl zum Braten
- Eine Prise Salz
- 1 EL Honig, zum Süßen

Zubereitung:

1. Mische das Kokosmehl, Backpulver und Salz in einer Schüssel.

2. Schlage das Ei in einer zweiten Schüssel auf und gib die Mandelmilch dazu. Vermische diese Zutaten gründlich.

3. Gib nun die trockenen Zutaten zu den feuchten und rühre alles gut um, bis eine gleichmäßige Masse entsteht.

4. Erhitze das Kokosöl in einer Pfanne bei mittlerer Hitze.

5. Gib pro Pfannkuchen etwa ein Viertel des Teiges in die Pfanne und backe ihn, bis die Unterseite goldbraun ist (ca. 2-3 Minuten). Dann wende den Pfannkuchen vorsichtig und backe die andere Seite.

6. Serviere die Pfannkuchen mit einem Löffel Honig oder frischem Obst deiner Wahl.

Meeresfrüchte

Lachs-Tacos mit Avocado-Salsa

Zubereitungszeit: 30 Minuten
Portionen: 2 Tacos

Zutaten:

- 150 g Lachsfilet, frisch und ohne Haut
- 2 Tacoschalen
- 1 reife Avocado, geschält und gewürfelt
- 1 mittelgroße Tomate, gewürfelt
- 1 kleine rote Zwiebel, fein gehackt
- 1 kleine Chili, entkernt und fein gehackt
- Saft von 1 Limette
- 1 EL natives Olivenöl extra
- 1/2 TL Paprikapulver
- 1/2 TL Kreuzkümmel
- Salz und Pfeffer nach Geschmack
- Eine Handvoll frischer Koriander, gehackt

Zubereitung:

1. Den Backofen auf 180 Grad vorheizen. Den Lachs mit Olivenöl bestreichen und mit Paprika, Kreuzkümmel, Salz und Pfeffer würzen. Lege den Lachs auf ein Backblech und backe ihn 10 bis 12 Minuten, bis er durchgegart ist.

2. Während der Lachs im Ofen ist, bereite die Avocado-Salsa vor. Mische in einer Schüssel Avocado, Tomate, Zwiebel, Chili und Limettensaft. Würze mit Salz und Pfeffer und rühre den Koriander unter.

3. Sobald der Lachs fertig ist, lasse ihn kurz abkühlen. Zerpflücke ihn dann mit einer Gabel in mundgerechte Stücke.

4. Erwärme die Tacoschalen leicht im Ofen. Fülle sie dann mit dem zerkleinerten Lachs und gib die Avocado-Salsa obendrauf.

Mediterrane Fischsuppe

Zubereitungszeit: 35 Minuten
Portionen: 1 Person

Zutaten:

- 200 g weißer Fisch (z.B. Dorsch, entgrätet und in Würfel geschnitten)
- 150 g Tomaten, gewürfelt
- 1 kleine Zwiebel, fein gehackt
- 1 Knoblauchzehe, fein gehackt
- 200 ml Gemüsebrühe
- 1 EL natives Olivenöl extra
- 1/2 TL getrockneter Oregano
- 1/2 TL getrockneter Thymian
- Saft einer halben Bio-Zitrone
- Salz und Pfeffer nach Geschmack
- Einige frische Basilikumblätter zur Dekoration

Zubereitung:

1. Erhitze das Olivenöl in einer großen Pfanne über mittlerer Hitze. Füge die Zwiebel und den Knoblauch hinzu und dünste sie an, bis sie weich und duftend sind.

2. Füge die gewürfelten Tomaten hinzu und koche sie einige Minuten, bis sie anfangen, ihre Säfte freizusetzen.

3. Gib die Gemüsebrühe, den Oregano und den Thymian hinzu. Rühre um und bringe die Mischung zum Köcheln. Lasse sie für etwa 10 Minuten köcheln, um die Aromen zu vermischen.

4. Füge nun den Fisch hinzu und lasse die Suppe weitere 10-12 Minuten köcheln, bis der Fisch gar ist.

5. Abschließend füge den Zitronensaft hinzu und würze mit Salz und Pfeffer. Rühre um und lasse die Suppe noch ein bis zwei Minuten köcheln.

6. Serviere die Suppe heiß, garniert mit frischen Basilikumblättern.

Garnelen-Curry

Zubereitungszeit: 20 Minuten
Portionen: 1 Person

Zutaten:

- 150 g Garnelen, geschält und entdarmt
- 200 ml Kokosmilch
- 2 EL natives Olivenöl extra
- 1 kleine Zwiebel, gewürfelt
- 2 Knoblauchzehen, fein gehackt
- 1 cm Ingwerwurzel, frisch und gerieben
- 1 EL Currypulver
- 1/2 TL Kurkuma
- 1/2 rote Paprika, gewürfelt
- Salz und Pfeffer nach Geschmack
- 1 EL frischer Koriander, gehackt

Zubereitung:

1. Erhitze das Olivenöl in einer Pfanne über mittlerer Hitze. Gib die Zwiebel, den Knoblauch und den Ingwer hinzu und dünste sie, bis sie weich sind.

2. Füge die Garnelen hinzu und brate sie an, bis sie rosa sind. Entferne sie dann aus der Pfanne und lege sie beiseite.

3. Im gleichen Öl die Paprika, das Currypulver und das Kurkuma anbraten. Gut umrühren, bis die Gewürze duften.

4. Gieße die Kokosmilch dazu und lass sie aufkochen. Reduziere dann die Hitze und lass die Sauce etwa 10 Minuten köcheln.

5. Gib die Garnelen wieder in die Pfanne und mische sie gut mit der Sauce. Schmecke mit Salz und Pfeffer ab und lasse alles noch einmal 2 Minuten köcheln.

6. Streue den frischen Koriander über das fertige Gericht, bevor du es servierst.

Muscheln in Weißweinsauce

Zubereitungszeit: 25 Minuten
Portionen: 1 Person

Zutaten:

- 200 g frische Venusmu-scheln, gründlich gewa-schen
- 50 ml trockener Weißwein
- 1 kleine Schalotte, fein ge-würfelt
- 1 Knoblauchzehe, fein ge-hackt
- 1 EL natives Olivenöl extra
- 2 Zweige frischer Thymian
- Eine Prise Salz
- Eine Prise frisch gemahlener schwarzer Pfeffer
- 1 EL frisch gehackte Petersi-lie

Zubereitung:

1. Erhitze das Olivenöl in einer tiefen Pfanne bei mittlerer Hitze.

2. Gib die gewürfelte Schalotte und den gehackten Knoblauch in die Pfanne. Dünste sie etwa 2 Minuten, bis sie weich und leicht golden sind.

3. Füge die gewaschenen Muscheln und Thymianzweige hinzu. Rühre um, damit sich die Aromen verbinden.

4. Gieße den Weißwein in die Pfanne. Decke die Pfanne ab und lasse die Muscheln etwa 5-7 Minuten garen, bis sie sich öffnen.

5. Würze mit Salz und Pfeffer. Gib die gehackte Petersilie über die Mu-scheln.

6. Serviere die Muscheln in der Weißweinsauce sofort, solange sie noch heiß sind.

Paella mit Meeresfrüchten

Zubereitungszeit: 45 Minuten
Portionen: 1 Person

Zutaten:

- 75 g Paella-Reis
- 125 g Mischung aus Meeresfrüchten (Garnelen, Tintenfisch, Muscheln)
- 1 kleine rote Paprika, gewürfelt
- 1 kleine gelbe Paprika, gewürfelt
- 1/2 rote Zwiebel, fein gehackt
- 2 Knoblauchzehen, gehackt
- 1/2 TL Kurkuma
- 1/2 TL Paprika, edelsüß
- 250 ml Hühnerbrühe
- 2 EL natives Olivenöl extra
- Salz und Pfeffer nach Geschmack
- Eine Handvoll gehackte Petersilie

Zubereitung:

1. Erhitze das Olivenöl in einer Pfanne bei mittlerer Hitze. Füge die Zwiebel und den Knoblauch hinzu und brate sie glasig.

2. Gib die gewürfelten Paprika hinzu und brate sie für etwa 3 Minuten mit.

3. Nun kommen die Meeresfrüchte dazu. Brate sie, bis sie durch sind.

4. Füge den Reis in die Pfanne und rühre gut um, sodass jedes Reiskorn mit Öl überzogen ist.

5. Jetzt kommen Kurkuma und Paprika dazu. Rühre erneut gut um, damit alle Zutaten gleichmäßig gewürzt sind.

6. Gieße die Hühnerbrühe in die Pfanne und lasse alles bei mittlerer Hitze 20-25 Minuten köcheln, bis der Reis gar ist und die Brühe fast vollständig aufgesogen wurde.

7. Würze zum Schluss mit Salz und Pfeffer und bestreue die Paella mit der gehackten Petersilie.

Krabben-Salat

Zubereitungszeit: 15 Minuten
Portionen: 1 Person

Zutaten:

- 100 g frische Krabben, bereits gepult
- 1/2 reife Avocado, entkernt und in Scheiben geschnitten
- 1/2 reife Mango, geschält und gewürfelt
- 1 EL frisch gepresster Limettensaft
- 1 TL natives Olivenöl extra
- 1/2 rote Chilischote, entkernt und fein gehackt
- 2 Handvoll Babyspinat, gewaschen und getrocknet
- 1 EL frischer Koriander, grob gehackt
- Salz und Pfeffer nach Geschmack

Zubereitung:

1. In einer mittelgroßen Schüssel mischst du die Krabben, Avocado und Mango.

2. In einer kleinen Schüssel vermischst du den Limettensaft, das Olivenöl und die fein gehackte Chilischote, um dein Dressing herzustellen. Schmecke es mit Salz und Pfeffer ab.

3. Gib das Dressing in die Schüssel mit den Krabben, Avocado und Mango. Vermenge alles sorgfältig, sodass die Zutaten gut mit dem Dressing bedeckt sind.

4. Lege den Babyspinat auf einem Teller aus und gib die vermischten Zutaten darauf. Bestreue alles mit dem gehackten Koriander. Guten Appetit!

Thunfisch-Poke-Bowl

Zubereitungszeit: 25 Minuten
Portionen: 1 Person

Zutaten:

- 100 g frischer Thunfisch, in kleine Würfel geschnitten
- 60 g Vollkornreis, gekocht
- 1 EL Sojasauce
- 1 EL frisch gepresster Limettensaft
- 1 TL Sesamöl
- 1/2 kleine rote Zwiebel, fein gewürfelt
- 1/2 kleine Avocado, in Scheiben geschnitten
- 1/2 kleine Gurke, in Scheiben geschnitten
- 1 kleiner Bund Koriander, gehackt
- 1 TL Sesamsamen, geröstet

Zubereitung:

1. Du mischst in einer kleinen Schüssel Sojasauce, Limettensaft und Sesamöl zu deinem Dressing zusammen.

2. Der gewürfelte Thunfisch kommt in eine mittelgroße Schüssel. Du gibst dein Dressing dazu und mischst alles gut durch, damit der Fisch vollständig bedeckt ist.

3. Den marinierten Thunfisch stellst du für 15 Minuten in den Kühlschrank.

4. In der Zwischenzeit bereitest du dein Gemüse vor. Die Zwiebel, Gurke und Avocado schneidest du zurecht.

5. Dann nimmst du eine schöne Schale und füllst den gekochten Vollkornreis hinein. Dies ist deine Basis.

6. Jetzt kommt der marinierte Thunfisch aus dem Kühlschrank und wird auf dem Reis verteilt.

7. Du belegst den Thunfisch nun mit deinem geschnittenen Gemüse.

8. Zum Schluss streust du die gerösteten Sesamsamen und den gehackten Koriander über deine Bowl.

Lachs mit Sesam und Spinat

Zubereitungszeit: 20 Minuten
Portionen: 1 Person

Zutaten:

- 150 g frischen Lachs, Haut entfernt und in Streifen geschnitten
- 2 EL Sesamsamen, leicht angeröstet
- 200 g frischen Spinat, gewaschen und grob gehackt
- 1 EL natives Olivenöl extra
- 1 kleine Knoblauchzehe, geschält und fein gehackt
- 1 TL frischen Ingwer, geschält und fein gehackt
- Saft und Schale einer halben Bio-Zitrone
- Salz und Pfeffer nach Geschmack
- 1 EL Honig

Zubereitung:

1. Erhitze das Olivenöl in einer Pfanne auf mittlerer Stufe. Füge den Knoblauch und den Ingwer hinzu und dünste sie, bis sie duftend sind.
2. Füge den Spinat hinzu und brate ihn an, bis er welk ist. Nimm den Spinat aus der Pfanne und stelle ihn beiseite.
3. Streue die Sesamsamen auf den Lachs und drücke sie leicht an, sodass sie anhaften.
4. Brate den Lachs in der gleichen Pfanne auf mittlerer Hitze an, bis er durchgegart ist.
5. Gib den Spinat wieder in die Pfanne, würze mit Salz, Pfeffer und Zitronensaft.
6. Garniere das Gericht mit etwas Zitronenschale und beträufle es mit Honig, bevor du es servierst. Guten Appetit!

Meeresfrüchte-Stir-Fry mit Quinoa

Zubereitungszeit: 30 Minuten
Portionen: 1 Person

Zutaten:

- 100 g Quinoa, abgespült und abgetropft
- 250 ml Wasser
- 150 g gemischte Meeresfrüchte (z.B. Garnelen, Tintenfisch), frisch oder tiefgekühlt
- 1 EL natives Olivenöl extra
- 1 mittelgroße Karotte, geschält und in dünne Streifen geschnitten
- 1 kleine rote Paprika, entkernt und in dünne Streifen geschnitten
- 1 EL Sojasauce
- 1 TL Ingwer, frisch gerieben
- 1 TL Kurkuma
- 1/2 TL Chiliflocken (optional)
- Salz und Pfeffer nach Geschmack

Zubereitung:

1. Koche den Quinoa in dem Wasser nach Packungsanleitung und lasse ihn beiseite.

2. Erhitze das Olivenöl in einer großen Pfanne oder einem Wok auf mittlerer Stufe.

3. Füge die Meeresfrüchte hinzu und brate sie, bis sie gerade durch sind. Nimm sie dann aus der Pfanne und stelle sie beiseite.

4. In derselben Pfanne brate die Karotte und die Paprika an, bis sie knusprig sind.

5. Füge nun den Quinoa, die Meeresfrüchte, Sojasauce, geriebenen Ingwer, Kurkuma, Chiliflocken (falls verwendet), Salz und Pfeffer hinzu. Rühre alles gut durch, bis alle Zutaten gut vermengt und erhitzt sind.

6. Schmecke abschließend ab und füge bei Bedarf noch mehr Sojasauce, Salz oder Pfeffer hinzu.

Gebackene Jakobsmuscheln

Zubereitungszeit: 25 Minuten
Portionen: 1 Person

Zutaten:

- 3 Jakobsmuscheln, frisch und gereinigt
- 2 EL natives Olivenöl extra
- 1 Knoblauchzehe, fein gehackt
- 1 EL frische Petersilie, fein gehackt
- Saft und Schale einer halben Bio-Zitrone
- Salz und Pfeffer zum Abschmecken

Zubereitung:

1. Heize den Ofen auf 200 Grad vor.

2. In einer kleinen Schüssel vermischt du das Olivenöl, den gehackten Knoblauch, die Petersilie, den Zitronensaft und die Zitronenschale. Würze die Mischung mit Salz und Pfeffer.

3. Lege die Jakobsmuscheln in eine kleine Backform und gieße die Knoblauch-Petersilien-Öl-Mischung darüber. Stelle sicher, dass jede Muschel gut bedeckt ist.

4. Backe die Jakobsmuscheln im vorgeheizten Ofen für 10-12 Minuten, oder bis sie fest und undurchsichtig sind.

5. Nimm die Jakobsmuscheln aus dem Ofen und serviere sie heiß, garniert mit ein wenig extra Petersilie und Zitronenscheiben, wenn du magst.

Schlusswort

Liebe Leserin, lieber Leser,

es war mir eine Freude, dir diese Vielfalt an Rezepten zu präsentieren, die nicht nur den Gaumen erfreuen, sondern auch das Wohlbefinden unterstützen.

Jedes Rezept in diesem Buch ist mehr als nur eine Anleitung zum Kochen. Sie sind Gedanken, Kreativität und Leidenschaft, gebündelt in der wundervollen Kunst der Zubereitung von Speisen. Essen ist nicht nur eine Notwendigkeit, es ist eine Lebensfreude, ein soziales Erlebnis und eine Möglichkeit, für unser Wohlbefinden zu sorgen.

Egal ob du ein neuer Hobbykoch bist, der gerade erst die Leidenschaft für die Küche entdeckt hat, oder ein erfahrener Profi, der nach neuen Ideen sucht – ich hoffe, dass dieses Buch einen Platz in deinem Herzen und in deiner Küche gefunden hat.

Es war mir ein Vergnügen, diese Rezepte mit dir zu teilen. Bleibe neugierig, kreativ und vor allem – hab Spaß beim Kochen!

Deine Nina Vogt